阅读即行动

无所乐观
的希望

TERRY EAGLETON

Hope without Optimism

[英] 特里·伊格尔顿 著   钟远征 译

图书在版编目(CIP)数据

无所乐观的希望／(英)特里·伊格尔顿著；钟远征译. — 上海：上海文艺出版社，2023(2023.8重印)
ISBN 978-7-5321-8358-6

Ⅰ.①无… Ⅱ.①特…②钟… Ⅲ.①哲学理论 Ⅳ.①B0

中国国家版本馆CIP数据核字(2023)第015708号

发 行 人：毕　胜
出版统筹：杨全强　杨芳州
责任编辑：肖海鸥
特约编辑：玛　婴
封面设计：彭振威

书　　名：无所乐观的希望
作　　者：[英]特里·伊格尔顿
译　　者：钟远征
出　　版：上海世纪出版集团　上海文艺出版社
地　　址：上海闵行区号景路159弄A座2楼　201101
发　　行：上海文艺出版社发行中心
　　　　　上海闵行区号景路159弄A座2楼206室　201101
印　　刷：苏州市越洋印刷有限公司
开　　本：1092×787　1/32
印　　张：7.25
插　　页：2
字　　数：115,000
版　　次：2023年3月第1版　2023年8月第2次印刷
ＩＳＢＮ：978-7-5321-8358-6/B.094
定　　价：58.00元
告 读 者：如发现本书有质量问题请与印刷厂质量科联系　T:0512-68180628

献给尼古拉斯·赖什

我们不是乐观主义者,并不给出一种人见人爱的美妙的世界图景。无论身在何处,我们仅拥立正义一方,为穷苦大众力行些许分内之事。

——赫伯特·麦凯布(Herbert McCabe)

目录

前言 ········· 1

第一章　乐观主义的陈词滥调 ········· 1
第二章　何谓希望？ ········· 48
第三章　希望之哲学家 ········· 112
第四章　以希望对抗希望 ········· 139

注释 ········· 173
索引 ········· 189

前言

鄙人或许不是最适合去笔墨希望的作者。因为就我而言，那个谚语里的杯子不但空了一半，还无疑含有某种污臭的致命液体。一些人秉持着"明日终究死，今朝吃喝欢"的哲学，另一些人的哲学倒更投合我的兴味——"明日终究死"。我之所以无视这些令人苦恼的癖好而选择来写这个主题，理由之一就在于：借用雷蒙德·威廉斯（Raymond Williams）的话来说，在遭遇了"已然失落的未来"[1]的时代，希望这一概念却被莫名其妙地忽视了。另一个回避此主题的原因，或起于这一事实：那些敢于谈及它的人，都无可幸免地衰微在恩斯特·布洛赫（Ernst Bloch）的巨著《希望的原理》（*The Principle of Hope*）——我在第三章中会有所论述——的阴影之中了。在西方马克思主义的编年史中，布洛赫的著作虽不见得最令人钦赞，但却是迄今为止最长的一部。

据说，哲学家们多半已摒弃了希望。大眼一瞥图书馆的目录就能看出，他们将这一主题谦卑地让渡给了这般的书名：《半满：乐观主义、希望和信仰的四十个励志故事》（*Half Full: Forty Inspiring Stories of Optimism, Hope, and Faith*），《一点信仰、希望和欢乐》（*A Little Faith, Hope and Hilarity*），《希望的年月：剑桥、南太平洋殖民政府和板球运动》（*The Years of Hope: Cambridge, Colonial Administration in the South Seas and Cricket*），更不用说鲍勃·霍普（Bob Hope）那为数众多的传记了。这一主题似乎招引了地球上每一个感伤的道德主义者和为精神摇旗呐喊的人。如此一来，对于像我这样在板球和殖民政府方面都没有背景，却关切这一观念的政治、哲学和神学意蕴的人，倒也有了反思的空间。

此书出自我于2014年受邀在弗吉尼亚大学佩奇-巴伯讲座（Page-Barbour Lectures）发表的讲演。我谨向所有在夏洛茨维尔让我感到宾至如归的人们，尤其珍妮·盖迪斯（Jenny Geddes），表示由衷的感谢。查德·威尔蒙（Chad Wellmon）极具效率地安排了我的讲学，躬亲表明自己是一位最投缘而尽责的东道主，我当向他致以特别的谢意。

特里·伊格尔顿

第一章　乐观主义的陈词滥调

有很多充分的理由去相信一种处境会变得柳暗花明，但因为你是一个乐观主义者才如此期望就另当别论了。这是非理性的，就好比你相信一切会变好，因为你是阿尔巴尼亚人，或是因为已经接连下了三天的雨。既然对为什么情境会变得顺心如意没有充分理由，也就没有什么充分理由去相信它们不会变坏。乐观主义者的信念是凭空无据的。你可能会变成一个实用主义的乐观主义者，确信将得到解决的问题在此而不在彼；但人们所谓的专业或道地的乐观主义者，之所以对特定的处境抱持乐观态度，是缘于他（或她）对待一般的处境也向来如此。他会找见自己遗失的鼻钉，或继承一座詹姆士一世时代风格的庄园，因为生活大体上差强人意。如此一来，他就有贱买自己希望的危险。其实，在一定意义上，乐观主义更关乎信念，而非希望。它基于这样一种看法，即世事都会朝向好的方面发展，而不是基于希望所蕴含的那种艰苦卓绝的承担。亨利·詹姆斯（Henry

James)认为,这种乐观主义在生活和文学中大行其道。"至于肤浅的乐观主义的畸变,"他在《小说的艺术》(*The Art of Fiction*)中写道,"地面上(尤其是英国小说)散落着它们如同烂玻璃一般的支离破碎。"[1]

作为一般观念的乐观主义是自持自足的。[2] 如果说它很难被驳倒,那是因为它是一种对世界的原发立场。一如愤世嫉俗或轻信,它从自己特异的角度照亮了事实,从而拒绝被事实驳倒,所以才有那老生常谈的比喻:透过玫瑰色的镜片看世界,它将以不变的红光沾染任何可能变换入你视野的东西。在一种道德的散光中,我们扭曲真相以适应自己自然的癖性,这癖性已代我们做出了所有重要的决定。既然悲观主义所含有的精神扭结别无二致,这两种心地就比在通常的考量中有着更多的共同点。心理学家埃里克·埃里克森(Erick Erickson)谈到了一种"不良适应性乐观主义",它使婴儿注意不到身边人的欲求以及他们和自身欲求的不协调,由此而不能承认情理的界限。[3] 在埃里克森看来,认识到现实的不妥协性,对于自我的形成至关重要,但积习成癖或专业的乐观主义者恰恰难以做到这一点。

乐观主义者不单指心怀厚望的人。即便是悲观主义者,无论其惯常的忧郁,总能在特定的问题上感受到积极。哪怕觉不到情势大体上会好转,我们也能怀抱希望。毋宁说,乐观主义者是这样一种人,他对生活积极乐观,只因为他是一个乐观主义者。他期待顺意的结果,因为这就是他期待的方式。正因如此，他才没能认识到，人必须有理由才能快乐。[4] 所以，和希望不同，专业的乐观主义并非美德，不比长雀斑或有扁平足更是一种美德。它不是通过深思或自律的学习而获致的气质，只不过是一种性情的怪癖。"始终看向生活的光明面"，和"始终把你的头发中分"或"始终向爱尔兰猎狼犬谄媚地摘下你的帽子"，有着差不多的理性力量。

同样地，那个半满或半空取决于我们视角的老掉牙的玻璃杯意象，就此说来倒是有教益的。这个意象透露出了真相——情境本身并没有什么能决定我们对其有所反应的东西。它对你惯常的成见不构成挑战，也没有什么在客观上攸关利害。你是乐天派也好，脾气乖张也罢，都会看见等量的水。但对玻璃杯的感受，就纯粹是任性随意的了。而一个纯粹任性随意的判断到底能不能称其为判断，肯定是可疑的。

对于这种事当然没什么好争辩的，就如对后现代主义那更偏认识论的种种幼稚的形式来说，信念问题是无可争辩的。事实上，你以你的方式看世界，我看世界以我的方式，并不存在不偏不倚的立场会使两种观点达成一致。因为，任何立场本身都会得到不同观点的解释，也就无所谓中立了。两种立场都不能被经验反证，因为每一种都会以确证自身正当性的方式去解释事实。类似地，乐观主义和悲观主义都是宿命论的形态。身为乐观主义者的你无能为力，更甚于身量欠高的你束手无策。你被绑缚于自己的乐观，就像奴隶被拴在桨橹上，前景一片黯淡。于是，对认识论的相对主义而言，真正可能的也就是让这两个阵营以一种相当无谓的容忍去尊重彼此的意见了。在这些情形之间抉择并没有理性基础，就好比对某种道德相对主义的张力来说，是选择邀请你的朋友们共进晚餐，还是把他们倒挂在房椽上打劫，一样没有理性的基础。相比之下，真正的希望需要理性的支持。就此而言，它类似于爱，是其神学意义上的一种特殊样式。它必须能够拣选出使一种情境可信可靠的特性，否则就不过是直觉，无异于相信在你的床下趴着一条章鱼。希望必须是可错的，反复无常的欢愉则不然。

即使乐观主义承认事实于己不利，也照旧不减其洋溢的热情。查尔斯·狄更斯（Charles Dickens）的《马丁·翟述伟》（*Martin Chuzzlewit*）中有个叫马克·塔普利的角色，脾气好到了狂热的地步，为了表明他的真诚和善良贱买不来，甚至去寻求那会把他人逼向绝望的极端处境。因为塔普利想要自己的处境尽可能凄惨，以便对自己满意，他的乐观主义实际上就是一种利己主义，小说中的大部分观点也是如此。这类似于感伤，是另一种形式的顺意，私密地关乎于自身的顺意。自私自利在《马丁·翟述伟》中比比皆是，甚至于塔普利慷慨的心质被刻画成了一种嗜好，或性情的怪癖，而绝非道德现象。在一定意义上，他并不真的想改善切身的处境，因为这样一来就剥夺了自身真诚的道德价值。所以，他那善良快活的性情和他在周遭散布痛苦不幸的邪力，是沆瀣一气的。悲观主义者一样怀疑改善处境的尝试——并不是因为这样会剥夺他欢愉的机会，而是因为他相信这些尝试几乎注定会失败。

乐观主义者往往相信进步。但如果世事可被改良，那么他们的现状还有可以期望的东西。就此而言，乐观主义不像十八世纪所谓的最优主义（optimalism）——莱布尼茨式的信条，认为我们居于所有可能世界中最好的世界——那样执拗于希望。乐观主义并不如最优主义那般乐观。在最优主义者看来，我们已享有宇宙间最好的和谐；相比之下，乐观主义者或会承认现实的缺憾，并寄望于更光明的未来。问题在于，究竟完美世界已然达成，还是我们正在奔赴的目标。无论如何不难看出，最优主义为何能够作为道德惰性的托辞，因为后者如此一来就可以廉价兜售自己的主张：世界无法被改良。

最优主义者和虚无主义者一样丧失了希望，因为他们并不需要希望。既然他们看不出变革的必要，就可能发现自己成了那些保守派们的同党。对后者而言，变革是可哀可叹的，抑或我们的处境已过于堕落，容不得变革了。亨利·詹姆斯评论道："虽然保守主义者并不必然是乐观主义者，但我认为，乐观主义者却极可能是保守主义者。"[5] 乐观主义者是保守主义者，因为他们对美好未来的信念源于他们相信现实当下根本上是安稳可靠的。确切说来，乐观主义是一种典型的统治阶级意识形态。如果说政府一般不鼓动公民，让他们相信某种可怕的末世灾变已迫在眉睫，那部分是因为，对一个眼明心亮的公民而言，疏远政治也会是一种选择。相比之下，深暗的绝望则可成就激进的立场。只有当你发现自身处境攸关生命之时，才意识到变革的必要。不满能够激励变革，乐天派却多半会想出全然表面的解决方案。处境最严峻的时候，最需要真正的希望，乐观主义却一般不愿承认这般极端的状况。不得已的希望并非人们所愿，因为如此的不得已正是让人难以接受之事已然发生的征象。譬如，在希伯来经典中，希望就有一种幽暗的潜台词，意含着对邪恶的诅咒。倘若人们希求德行，那是缘于世间有指不胜屈的恶人。

弗里德里希·尼采（Friedrich Nietzsche）在《作为教育家的叔本华》（*Schopenhauer as Educator*）中区分了两种欢愉——一种直面惨淡的悲剧式对抗，如古希腊人那般；还有一种浅薄的诚实，以对无可补救的觉悟为代价赎买自己的欢愉，却无力直视其誓与之搏斗的恶魔。就此而言，希望和任性无常的乐观主义是势不两立的。在尼采看来，精神的真正轻快是艰辛的、苛求的，是一个关乎勇气和自我克服的问题。这就消泯了欢愉和严肃之间的分别，也是他缘何能在《瞧，这个人！》（*Ecce Homo*）中写自己"无所欢心，唯雀跃于真理之艰"。诚然，尼采拒斥乐观主义，也有为人所不誉的理由。在《悲剧的诞生》（*The Birth of Tragedy*）中，他以大男子气概将之斥为"软弱的信条"，并系之于彼时代中"奴隶阶层"的危险的革命热情。

西奥多·阿多诺（Theodor Adorno）曾说，比起天真的空想家,那些给予我们审慎和质朴之真理的思想家(他尤其提到弗洛伊德)对人类的贡献更多。我们稍后将明了,阿多诺的同事瓦尔特·本雅明(Walter Benjamin)何以把他革命性的视野建树在对历史进步的怀疑以及深刻的忧郁之上。本雅明自称其为"悲观主义",但人们也可将之视为现实主义,那种最难达至的道德处境。在一篇关于超现实主义的著名论文中,与某些左派群体的肤浅的乐观主义背道而驰,他谈到了朝向政治目的去"组织"悲观主义的迫切需要。他写道,我们需要"时时处处的悲观主义。毫无疑问。不信任文学的命运,不信任自由的命运,不信任欧洲人的命运,更三倍地不信任所有在阶级、民族以及个体之间的调和,而只对法本公司(I. G. Farben)和空军的和平壮大寄予无限的信任"。[6] 本雅明那固执的怀疑致力于人类的福祉,是为了建设性的作为保持冷静而不受蛊惑的努力。无可否认,这种消沉的愿景若置于他人之手,就连政治变革的可能性都会成为问题。某种无能为力或许正是那大灾变的题中之义。果真如此,你的处境越糟,改变起来就越难。这并不是本雅明的观点。对他而言,拒斥乐观主义是政治变革不可或缺的条件。

乐观主义和悲观主义同样可以是个体世界观的特征。例如,自由主义者倾向于前者,保守主义者则趋向后者。大致说来,自由主义者相信,如果容许自由繁荣,男人和女人们就会体面正派地管束自己。保守主义者则认为他们有缺陷,是难以管教的造物，若要从他们那儿挤出些许有益的东西，就必须加以限制和管教。在浪漫主义和古典主义之间，也有类似的差别。和文艺复兴时期相比，中世纪对人类的评价大体上少了精神的欣快，而沉陷于罪恶感和堕落之中。伊格内修斯·雷利，约翰·肯尼迪·图尔（John Kennedy Toole）的小说《笨蛋联盟》（A Confederacy of Dunces）的主角，一个中古文明的坚定捍卫者声称："乐观主义让我作呕。它是不正当的。自人堕落以来，他在宇宙间的正当地位就是不幸。"

保守主义者倾向于在诸种所谓的衰颓论者之间做以划分：其中一些认为黄金时代确曾存在，但自其以降，我们已经悲惨地堕落了；另一些则认为，每一个时代都和其他所有时代一样衰颓。将T. S. 艾略特（T. S. Eliot）的《荒原》（The Waste Land）读作这两种互相矛盾立场的融合，亦无不可。也不乏那些既达观又消沉的十九世纪晚期的思想家，他们一边称颂文明和科技的长处，一边又认为它们到处与混沌和退化相伴——尤其在野蛮未脱的下层阶级蔚然而兴之时。[7] 相比于自由主义者和社会改良主义者，马克思主义者和基督徒对人类当前的处境更为悲观，但对其未来的前景又更满怀希望。对二者而言，这两种态度都是一体之两面。人们相信未来，恰是因为要想方设法去面对不堪至极的现实。我们将看到，这是一种悲剧式的观照，和活泼开朗的进步分子以及一脸沉郁的耶利米们（Jeremiah）都毫不相干。

毋庸置疑，人类历史确有进步。[8]那些冒昧质疑的人——此中不乏许多后现代思想家——大概不会想倒退到焚烧巫婆、奴隶制经济、十二世纪的卫生状况，或是无麻醉手术。即便我们生活在一个核武器蠢蠢欲动、贫困之疤蔚为奇观的世界，也不足以驳斥这样的事实——一些世事已变得更好，好得超乎我们的想象。问题在于进化，而非进步。相信历史有进步，并不必然就是相信历史在向上攀升。在早先的时代，中产阶级在其最乐观自赏的时候，就曾认为人类基于自身的力量正在朝向更高或甚至乌托邦式的境况进化。而所谓的至臻完美主义（perfectibilism）则是精明务实的科学家和政客们的信条。我们稍后将关注恩斯特·布洛赫的著作中有关此信条的一种左派变体。人们或会把这种立场（并非布洛赫的立场）描述为乐观主义式的宿命论——诚然是一种奇妙的联结，因为在我们的时代宿命论往往更偕同于悲观主义。无可避免的通常也是令人不快的。虽说那个半满杯子的意象把希望还原为纯粹的主观性，进步的原则却将其具体化为客观的现实。在赫伯特·斯宾塞（Herbert Spencer）和奥古斯特·孔德（August Comte）看来，人类或可与驱动历史进退的强大规律协作，否则就将受其阻碍；我们无力去改变规律的固有性，就如我们无力去修补上天的旨意一样。对康德而言也是如此，他认为自然本身确保了一个永久和平的未来，但却是通过那种自由人的商业贸易来实现的。不妨说，希望被建构于现实本身之中了。和那塑造了海星解剖构造的力量一样,它也是世界的一种内在的构成特性。即便我们遗忘了希望,它也不会忘记我们。这种观点有把男人和女人们带回政治麻木的危险,因为既然光明的前途已成定局,就难以看出他们为何还要奋力以求。那种对共产主义的未来确信无疑的马克思主义,却需要解释为何要为之而努力奋斗。

乐观主义的诸种过分形态在道义上可能是靠不住的。这其中就有神正论,它基于善或可生于恶而试图为恶辩护,把彻头彻尾的乐观主义抬举到了宇宙论的地位。亚历山大·蒲柏(Alexander Pope)在《人论》(*Essay on Man*)——一首深深受惠于莱布尼茨和自然神论的诗——中认为,恶无非被误解的善罢了。如果我们能够站在宇宙统一整体的视角去看待强暴和奴役,我们就能辨出它们在普遍的福祉中所扮演的必要角色。道德的抗议实在是目光短浅。正如格奥尔格·毕希纳(Georg Büchner)在其剧本《丹东之死》(*Danton's Death*)中所思,"对于特定的耳朵而言,那震耳欲聋的暴乱的嘈杂声不过是一缕和谐之音。"况且,苦难还能造就人。在哲学家理查德·斯温伯恩(Richard Swinburne)的笔下,上帝以容许"广岛核爆、贝尔森集中营、里斯本地震与黑死病"而得证,因为如此一来,男人和女人们就能活在真实的世界,而不以之为玩物了。[9] 玩物世界不会赠予我们足够激狂的挑战,由此也吝于让我们有屈伸道德筋骨的机会。实难想象,除了学院派还有谁能提出如此辩词。

这种令人不快的执拗的神正论,并不说教那种恶——无论它自身多么使人嫌恶——间或会生出善来(这是难以否认的情状),但却认为它理应被接受,甚或被拥纳为如此这般价值的必要条件。某些持此信念的启蒙运动思想家的症结在于,宇宙愈是显为理性和谐的整体,恶的问题就愈加迫近。[10] 这种宇宙论式的乐观主义往往适得其反,因为它将其认为最难调和的方面凸显了出来。比起犬儒和厌世者,那些崇信完美至臻的人,更有可能惊骇于战争和种族屠杀,而前者却会在灾难中寻到令人慰藉的证据——关于人类的退步,他们一贯正确。

在十八世纪,不乏一些人否认恶的实在,而在十九世纪的一些人眼里,此中疑难却可交由进步主义解决。自然神论的愿景是可以被史实化的。恶虽然实在无疑,却处在被铲灭的中途。于是,进步的观念容许人们在承认那无可讳言之物的同时,还保有对人类至臻完善的信念。自特定的历史主义的视角看来,苦役和匮乏能够借其在物种的总体演进中所扮演的角色为己正名。没有人累断脊骨,就不会有人欣享文明。每个伟大的雕塑或交响曲,都辉映着一排贫酸的棚舍。无剥削就无文明,除弗里德里希·尼采外,还有许多不愿那么明目张胆作如是说的人也持有这一观点。劳动乃文化之先驱,像被糟践的父代一样,它在子孙后代的成功中找到了对自己磨难的抚慰。就其自身而言,文化在承认它出身后街而成就为明星的家世上,显出了所有的不情愿。

如果说早期资本主义的空想家们确有希望，抛却别的方面不讲，那是因为他们并不认为自己的制度是内在完整的。生产仍是有待完成的编年史。相比之下，晚期资本主义就没有那么满怀希望了，这么说的意思是它并非已然衰颓。和生产主义的自我不同，消费主义的自我居于或此或彼的序列式的时间刻度，而从不栖于任何和叙事相像的东西。它过于随机和漫散，成不了那可被理解的进化的主体。如此一来，就不能指望什么激变的未来，那宽宏尺度上的希望也随之被废弃。世界历史性的事件将不复发生，因为它得以从出的空间已灰飞烟灭。未来将不过是无尽膨胀的当下。于是，人们就能把眼见未来性交付兑现的兴奋和明知它不会含带任何巨变的惬意融为一体。在资本主义方兴未艾的年代，人们尚能怀揣希望，因为他们看得见光辉灿烂的未来；在这同样的制度较晚后的阶段，若说还有什么微薄的期望，也仅存于未来将会是当下重演的假设之中了。周围世界鲜有希望，而这本身就是一个具足希望的征象，因为它意味着没有什么是有待救赎的。[11]

和政治纲领一样，民族或乐观上升，或悲观沉降。与朝鲜类似，美国是地球上少数几个几乎把乐观主义奉为意识形态的国家之一。对其大部分民众而言，积极乐观就意味着爱国，消极则属于思想犯罪一类。悲观主义在他们看来有着暧昧不清的颠覆性。即便在最消沉的年代，对于无限权利的集体幻想一仍如鬼魅，在其民族潜意识中出没。要推举一个劝说国民们相信最好的道路就在其身后的美国总统,就好比去选举一只黑猩猩,几乎不可能——虽说实际上确曾有过一两次擦边球。任何一个秉有此念的领袖都会成为暗杀的主要目标。新近,一个美国历史学家有言,"无论时代如何,总统就职演说总是乐观的"。此话并非有意的批评。对于美国文化的某些方面,人们有着难以抑制的乐观。那是一种"己之所欲,无所不能"的论调,也暴露出对失败的准病理式恐惧。

美国学者莱昂内尔·泰格(Lionel Tiger)在一本让人倍感无趣的题为《希望生物学》(*The Biology of Hope*)的研究中,急于把他祖国的希望意识形态建立在科学的地基上,一门心思专注于试药的猴子、改换情绪的化学品,以及在沉溺于丧子之痛的家长们的排泄物中发现的化学变化。但愿人们能找到欢乐的生物学基础吧,这样就有可能根绝政治上的不满,并确保全体公民永久性的欣喜若狂了。希望在政治层面是有益的兴奋剂。"有一种可能性,"泰格谈道,"就是说,增进乐观主义成了人类共同的义务。"[12]

无独有偶,在一本题为《焦虑时代的希望》(*Hope in the Age of Anxieties*)的书中,诸作者告知我们,"满怀希望是最佳良药,因为它代表了一种适应性的中间地带,介乎对压力的过激反应和弃绝的精神状态之间"。希望让我们放心使用"适当程度的神经传导介质、荷尔蒙、淋巴细胞,以及其他与健康相关的重要化学品"[13]。缺少这些东西对你个人和政治的健康都不利。说不准加利福尼亚的科学家们正在努力把它做成片剂呢。这种甜腻多情的愿景让美国哲学家威廉·詹姆斯（William James）感到不安。"定论是香甜的吗？"他问道。"世间全然是'是，是'当道了吗？'不'的事实难道不是矗立在生命的核心处吗？我们所归于生命的'严肃性'难道不正意味着，那无可避免的'不'和丧失正是它的构成部分，意味着在某处有着真正的牺牲，而那永远极端而苦涩的总是沉于杯底吗？"[14]

白宫小布什的那套"基于信念"而非"基于现实"的政治，把司空见惯的美国做派挤促到了精神错乱的地步。现实是一个悲观论者，对于它那叛逆不忠的说辞，我们需掩耳不闻。因为真理往往已经够令人不快了，无所畏缩的意志必须将之压服。此乃乐观主义的口吻，要将其和精神疾病区分开来着实不易。这种类型的乐观是一种心理上的撇清，就其所有的方下巴式的活力而言，实为道德上的逃避。它是希望之敌，之所以是必须的，恰恰因为人们能够供认现实情境有多么地严重。相比之下，那种使乐观主义者满怀希望的欢愉，也会导致他低估克服它的障碍，并由此以一文不值的自信而终。乐观主义并不真的拿绝望当回事。弗朗茨·约瑟夫一世有句被世人说道的话：在柏林那里称得上严峻但不无希望的局面，在维也纳看来却无所谓严峻，只是无望罢了。

欢欣在情感之中属最乏味一类。人们常把它和身穿条纹夹克衫、戴着塑胶红鼻子的欢腾跳跃的形象联系在一起。有别于法语的 bonheur（幸福）或古希腊语的 eudaemonia（幸福），happiness（幸福、快乐）一词则有着巧克力盒子一般的内涵，而 contentment（知足、称心）又戴着过于愚笨的鼻环。"愚人的希望，"《传道书》（The Book of Ecclesiastes）的作者写道，"是虚幻而妄诞的*。"对于是否存在任何深刻的乐观主义，法国哲学家加布里埃尔·马塞尔（Gabriel Marcel）表示怀疑。[15] 或许，它最好被看作希望的一种退化而无法矫正的幼稚形式。它有某种让人难以忍受的脆弱，这就好像，在悲观主义那不加掩饰地对自身的阴郁幸灾乐祸之中，有着某种病态的自我放纵一样。和悲观主义类似，乐观主义给整个世界涂上了一层单色的釉质，却对色差视而不见。由于它是一种普遍的僵化心态，在某种精神的交换价值上，所有对象就都变得泛泛可换了。正而其式的乐观主义者，以一贯的严格预先程式化的方式回应一切，也由此消泯了可能性和偶然性。在这种一成不变的世界中，万事都注定以不可思议的可预见性顺利地进行着，而且对此不需要什么充足的理由。

值得注意的是，自十八世纪中叶出现的塞缪尔·理查生（Samuel Richardson）的《克拉丽莎》，到英国维多利亚时代晚期托马斯·哈代（Thomas Hardy）的作品，其间几乎找不到一

---

* 此句出于思高本《圣经》的《德训篇》（*The Book of Ecclesiasticus*）而非和合本《圣经》的《传道书》，或为伊格尔顿笔误。——译者

部悲剧题材小说（就结局是不幸的来说）。当然，有一些作品几乎算不上是悲剧。《呼啸山庄》驶向了悲剧的边缘，而夏洛特·勃朗特（Charlotte Brontë）的《维莱特》（Villette）把可供选择的结局交给了读者，一悲一喜，仿佛对全然而止于前面的音符感到惶恐。乔治·艾略特（George Eliot）《弗洛斯河上的磨坊》（The Mill on the Floss）的主角玛吉·塔里弗（Maggie Tulliver），在故事的终点死去，但却是令人欣喜地和她那倔强而粗鲁的哥哥厮守在一起，以致结局莫名其妙地振奋人心。虽说艾略特的《米德尔马契》（Middlemarch）收尾于暗淡，但却在洗心革面的灵魂——无论多么忧郁——的最后一息中确证了它的信念。狄更斯写在《小杜丽》（Little Dorrit）末尾的话诚然无所慰藉，可和他所有的作品一样，这部小说也不肯将觉醒进行到彻底的悲剧。衷于这种冲动，狄更斯改写了《远大前程》（Great Expectation）的结局，让男女主人公终成眷属。即便在描绘最令人沮丧的社会现实时（至少在其早期的作品中），他那灿烂斐然的风格也与它们保持着令人愉快的距离。热忱和活力，使他得以刻画维多利亚时代英国那悲惨至极的种种面相，本身也是他借以超越这悲惨的方式。

倘若托马斯·哈代令他的一些读者心生反感，与其说是因为他的无神论或对于性的开明看法，倒不如说是因为他那一贯始终的悲剧现实主义。他拒绝虚构和宗教的慰藉，拒绝各式各样的鸦片，而这正是让迫切需要虚构之慰藉的维多利亚时代的读者们感到如此不安的原因。苔丝·德比菲尔德（Tess Durbeyfield）和裘德·福莱（Jude Fawley）都是羽丰翼满的悲剧主角，正因如此，他们也是英国小说史上让人极感生疏的人物形象。那些沮丧的上流人士，焦急地追随着女主人公克拉丽莎的命运，恳求塞缪尔·理查生拯救她，而理查生却置若罔闻，执意孤行地将她带向了死亡。若说维多利亚时代的人们尤其被沮丧搅得心烦意乱，那绝不是因为愁苦郁闷自社会层面看来具有颠覆破坏性。在一个社会动荡的年代，教化是艺术的主旨之一。小说的要点——如弗洛伊德在泛泛谈到幻想时所说——在于修正某种令人不满的现实的错谬。而英国小说不仅在重视等级、尊严或社会秩序上拥立现实，还不懈地执着于积极乐观的结局。

即使在我们不复抱有希望的年月里，包书纸复抄本的作家们也常常试图在最黑暗的小说中辨察出希望的微光，想来是因为他们觉得太多的沮丧有可能让读者们感到过于消沉了。纵然如此，我们还是习惯于诸叙事有一个阴郁或不确定的结局。当它们不如我们所愿那般悲观的时候，就会有显著的效果。若泽·萨拉马戈（José Saramago）的小说《失明症漫记》（*Blindness*）就是这种情形。在其结尾处，一群曾莫名其妙地失明的男女们，又出人意料地恢复了视力。这些不见天日的角色，一个接着一个，穿越黑暗，进抵光明。一部当代的作品有着这般欢喜的结局，是胆大妄为的，就像《傲慢与偏见》是以对班内特姐妹们的屠杀而收尾一样。

不乏一些人，在他们眼里，乐观主义虽谈不上深刻，却至少是理智的。不同于末世般的欢腾雀跃，马特·雷德利（Matt Ridley）在那本新潮而博学的《理性乐观派》（*The Rational Optimist*）中，把对于世界的明快展望，建立在了它所认定的事实上。此外，它还给我们奉上了这段精彩的义愤填膺：

> 即使经过了半个世纪艰苦卓绝的扶贫，世上仍有成百上千万的人因在单调的饮食中缺乏维生素 A 而行将失明，眼睁睁看着自己孩子因蛋白质摄入不足而腹胀，或因喝下被污染的水患上本可以防治的痢疾，吸入室内生火的烟尘而导致本可避免的肺炎，咳嗽不止；抑或被可治疗的艾滋病消耗着，罹患本可避免的疟疾，瑟瑟发抖。有人住在泥砖铺砌的棚舍、皱巴巴的铁皮搭起的贫民窟，有人（包括西方的非洲人）住在混凝土灌注的了无生气的碉楼里，有人从没有读书或问医的机会。有端着机枪的少年，也有出卖肉体的少女。如果我的曾孙女会在 2200 年读到这本书，我想让她知道，我深深觉察到所生活的这个世界有多么地不平等。在这个世界中，我会担心自己的体重，餐馆老板可能会抱怨冬季需从肯尼亚空运进口青豆，而与此同时，达尔富尔儿童枯皱的脸上却爬满了苍蝇，妇女在索马里被乱石投死，一个孤胆美国企业家在阿富汗建着学校，而他

的政府却在那里投下炸弹。[16]

很难说这是一个过分乐观的愿景。相反,这是一个言辞非凡、悲天悯人、令人动容的发自肺腑的呐喊。然而,抛去愤慨不说,雷德利认为现时代也是一部满载巨大成就的编年史——他这么说无疑是正确的。一般而言,人类会变得更为富足、自由,长得更高更健康,享有更多的和平,更为流动化,受到更好的教育,更闲适满足,比历史上任何一个暴烈、多病而贫苦的时代都更安逸自在。如果雷德利知道卡尔·马克思将衷心赞同他的观点,想必会茫然困惑。事实上,有些时候人们也寻思,这位曾掌管那惨遭破产的大银行的前任总裁,究竟是不是一个穿着考究服装的马克思主义者,尤其是把他对生产力稳定发展的信心考虑在内的话。只是,雷德利看到了物质富足和人类福祉之间的直接关系,而马克思却不抱有这种机械论式的幻想。诚然,前者是后者的必要条件,因为只有圣人才能饿着肚子成长,但这条件却不充足。总的来说,《理性乐观派》忽视了这一事实,每每沉浸在那种粗鲁的技术决定论中,而这种决定论会让任何自尊自重的马克思主义者皱眉蹙额。譬如,女性的性解放被直接归因于"劳动节约电气设备"(第108页)。我们被如此告诫,自由和人类的福祉与贸易和繁荣携手并进。但它却慎重地忽略了这样一个事实——和贸易繁荣携手并进的,同样有奴役、血汗工厂、独裁暴政,以及殖民者的种族屠杀。

尽管如此，马克思会认同，现代性一直关乎进步、繁荣和解放，是一个振奋人心的故事。对于高贵蛮族的神话，雷德利投以得体的轻蔑，马克思也一样藐视。雷蒙德·威廉斯曾说，所谓有机社会，唯一不争的事实就是，它总是去而不返。[17]尽管如此，马克思的观点比起雷德利的更加细致入微。在雷德利眼里，现代是一个带着某种残余的匮乏而成功出逃的故事。马克思却不仅把现代看作一个兼有成就和恐怖的故事，更明白这两种叙事是紧密交织在一起的。他认为，那造就了自由和富足的力与势，同样损毁了人类的力量，引发不平等和贫困，并对人类生活施以专制。离了未开化的野蛮就不会有文明，没有苦役和对穷困的恐惧就没有大教堂和公司。人类的问题不仅是能量和资源的匮乏，更在于通过宏大的演进而获致的能力。对此能力构成威胁的不单是落后，更有狂妄。如果历史是对人类进步的记载，那它同样是萦绕在世人头顶的噩梦。

倘若说，马克思是潘格洛斯（Pangloss），那么他也是耶利米。相比之下，雷德利的观点蓦然显得更为无知而简单了。在他那老于世故的聪慧里，有着令人尴尬的天真。马克思在市场、交换价值和全球商品流通中看到了解放的可能性，但雷德利——这一事实对他而言无疑是一种惊吓——却一无所见。无论他对达尔富尔儿童枯皱的脸作何妥协之词，其观点一仍彻底地片面。一个审慎地为市场的种种作用做出辩解的人，会指向它们在财富积累以及全球文明总进步中的作用，并承认此中不仅卷杂着贫困和不平等,还有愚蠢的工具论式的理性、冷酷的攫取、经济的不稳定、利己的个人主义、破坏性的军事行动、社会和市民纽带的凋萎、文化的普遍平庸,以及对过往的实利主义式的抹除。这样的辩解者或许会承认前述所有或部分,却同时坚称,资本主义在其效率和生产力方面远胜于任何其他经济体制,而现行的体制中最为不良的特性是可以被调控或改善的。

尽管如此,雷德利对他所拥护的体制的几乎所有令人不快的方面,尤其涉及这体制经常发动的帝国主义战争时,都保持着怡然自得的沉默。在他看来,凡此种种都是那些认为现代性无非衰微堕落的人苦丧着脸发出的警告。话说过来,马克思和其后继者也作如是观。他们都鼓吹科技,也热衷于人类的进步。在对自由市场、资本主义创新和全球化经济的推崇上,《共产党宣言》堪比《理性乐观派》。只不过,前者还把这些所得的惨痛代价考虑在内,而自诩忠于现实的雷德利却不然。

雷德利自诩其乐观主义是理智的,因为它植根于现实。但他远非不偏不倚的判官,而是一个四面楚歌,为那些最有可能站在他的立场的人筛选事实的空想家。一个例证就是他对待核战争威胁那异乎寻常的漫不经心,这在他的书中占去了不少于一整节的篇幅。雷德利坦言,核武器在冷战时期确实构成了真正的威胁,核冲突的危险虽然远没有散去,大量的军备却已被裁减。整本书给人的总体印象是,我们大可不必再大惊小怪了。作为冷战中的大事记,核导弹和多丽丝·黛(Doris Day)或瘦腿裤相比也没有多大差别。这就是带着红鼻子，怀揣复仇之心的欣快感。毋庸赘言，人类只有在尚存于这个星球的前提下才能锐意进取，而核武器给进步主义者带来的尴尬正在于此。在进步的征途上，比起把闲时间花在摄政时期装束的纨绔子弟来，种族的不复存在构成更严重的问题。我们向来都具备毁灭个体的力量，而凭借令人钦佩的科技创造力，我们现在甚至能集束地达到这一目的了。自杀，可以说已经被社会化了，纳入到了公有权领域。如波兰作家斯坦尼斯拉夫·莱克（Stanisław Lec）所言，"如果他们没有在世界末日之前就把世界终结了，那会是一个天大的笑话。"[18] 比起自毁的能力，不存在对于人之主权的更为充足的证词了。自杀——陀思妥耶夫斯基（Dostoevsky）小说中的一个角色说道——于瞬间变成了上帝，以神性的无上权威处置他自己的生命。

人类始终活在对某种可怕末世的恐惧之中；但直至最近，他们才思量，这种宇宙浩劫或可被证明是自家的发明创造。然而，面对人类族群那扣人心弦的演出即将鸣铃谢幕的前景，雷德利仍无动于衷。其一贯手法是，举出一系列对于人类的严重威胁（饥荒、瘟疫、环境灾害等等），而这样做只是为了不无欣慰地指出它们尚未发生，或者发生的可能性已经被极大程度地削弱了。这多少类似于在1913年夸口说，没有爆发过一次世界大战，灾难性的病毒传染病也是无稽之谈。不管人们会怎样戏称这种乐观主义，"理性"一词绝对是误用。虽说雷德利还健在，但依事实而得出如此令人欣慰的结论就有失明智了。

《理性乐观派》歌颂易货贸易、商业、交流、科技、劳动分工、发明创造的共享以及睿智观念的互通，这没有错。正是通过这些活动，人类才成为宇宙间真正的族类。马克思（一个总是讲公道话的作者）也这么认为——这些人类历史的特性代表了一种从贫困和地方狭隘主义跃升而出的名副其实的突破。只不过，他同样警觉于这种全球互联的破坏性影响，但死守一孔之见的雷德利却看不到。雷德利的错误说来令人感到惊讶，因为他好歹是北岩银行（一家陷于2008年金融危机漩涡的银行）的前任非执行总裁。确实，在这一点上，他那坚定不移的信条有据为证。且看他赞不绝口地引用的一位经济学家的话，"广泛运用市场的社会将发展出合作、公正和对于个体的尊重"（第86页）。在谈到对市场这只隐藏的手的信念时，雷德利口中的亚当·斯密颇有约瑟夫·斯大林的意味。无论个体的自私行为多么不上台面，都总会消融在整体的成就之中。对于数见不鲜的欺诈、贪婪、无耻诓骗和不法行为，他显然镇静如常，甚至有本事确告我们，"人们越是被浸没在现代商品化世界的集体思想中，就越是大方慷慨"（第86页）。他向我们打包票说，市场"让我们大有理由对人类的未来抱持乐观主义"（第10页），因为它"使众多自私的个体动机转化为了集体的善果"（第105页）。雷德利对市场同样会引发灾难性后果这一事实委婉地轻描淡写，尽管他本人对这种现象并不陌生。那些被诈骗金融家剥尽了家财，又不得不为他们的贪婪买账的数不清的男男女女，肯定会质疑这种说辞。雷德利告诉我们，人们对资本主义金融系统的信心确实增长了。但在他如是这般作文的时候，世界范围内的很多公民对银行家的厌恶，仅略次于他们对恋童癖和巨乌贼的恶心。

雷德利得意地指出，奴役和童工在十九世纪就已被取缔。但他无能补充说，几乎所有这种文明程度的标识，都是冒着为他所称誉的社会体制的残暴抵制而取得的。他辩称，种族主义、性别歧视和猥亵儿童，于今日已经无法被接受了。而相比之下，它们仍然比比皆是的事实就好像是无关紧要的细节了。雷德利对进步的信念如此坚定，甚至愿意怀着某种平静的心情去看待全球大部的垮塌。他坚持认为，即便欧洲、美国和伊斯兰世界陷入了绝境，中国也必将薪传进步的火炬。

虽说雷德利可能有失公允，但他确实是自相矛盾的。他颂扬资本主义，却引用恐慌的言辞将其遮盖，而且认为它即将消亡。他要借此表达的是，维多利亚式的资本主义已经让位给后工业式的资本主义。然而，去质疑此体制本身的存在，会和他的立场更为匹配。他也承认，如果我们执着于灿烂未来，却与此同时一意孤行，世界就将毁于灾难。这多少令人释然。他承认，"不义的领袖、牧师和窃贼们，会掐灭这世间的希望"（第358页），尽管他在别处也曾认为他们不会。秉着空想乐天派的精神，雷德利有一种不可抑制的信念，相信事态总会有转机。[19]

发展会继续的，他向我们担保——不过他也告诫，发展总会被错谬的政策阻断，而如此一来就未必可能了。不待说，关于我们是否终将退回到采集狩猎的阶段，雷德利并不比我们中的其他人有更多的线索。相反，他只是承认自己对创新精神的信念。在对创造发明者和实业家们的维多利亚式崇敬之中，他避而不谈创新只是复杂经济体制的一个要素且根本谈不上是决定性的这一事实。在大多数天真的进步主义看来，变革、发展和创新本来就是良性的。如此说来，广岛核爆当是新奇的事，生化武器也是技术创新，而酷刑和监视的手段已经日臻完善了。塞缪尔·约翰逊（Samuel Johnson）认为所有的变革都是极大的恶，这并不是说他不承认这些变革的必要性。

雷德利虽声称不信任资本和资产下的市场，而信任商品和服务下的市场，却与此同时大力主张一种前者于其中不可或缺的经济。他承认，资产下的市场"如此易于遭受泡沫和崩溃，以至于很难设计筹划使其运转"（第9页）。就一个市场的力量对其而言好似有机胡萝卜对查尔斯王子那般神圣的作家来说，这话是一种自我贬损式的妥协。雷德利虔信市场运作所固有的利势，与此同时也大声呼求市场秩序。他虽坚定地认为自己对大型企业不抱期望，却转而去吹捧它们。沃尔玛也许会挤压工会并导致小型企业破产，但它的消费者们却由此而享受到了物美价廉。在雷德利的社会达尔文主义的世界中，这似乎足以使如此做法被接受。他在某处承认，"核恐怖主义、海平面上升以及全球性流行疫病或将使二十一世纪变得可怖"，但在倒数第二句，他却又向我们保证，"二十一世纪对于生而在世而言将会是一个绚丽辉煌的世纪"（第28和359页）。要解决此中矛盾，我们只有假设，他认为集体溺亡、灰飞烟灭和感染重病是应得珍视的体验。

世上的某些地区，雷德利坦言，会经由下降的震荡而进到无秩序的混乱或者权威主义，相当根深蒂固的经济萧条也会引发大规模战争。但即便如此，"只要某处的某个人还在激励之下创造着更好地服务于他人的方式，那么，理性乐观派就必须断定，人类生活的改善终将复始"（第32页）。但如果我们所说的全球性战争是核战争呢？那么"终将"又会有多长？康拉德·洛伦茨（Konrad Lorenz）在其《论侵略》（*On Aggression*）的结尾说道，对于成就一种非暴力的人类而言，唯一的希望就是某种未来遗传基因的变异，它将把我们变成彼此互相关爱的生物。但不确定的是，我们能否等那么久。雷德利到底要容忍多少渐变的人类灾难才能不那么天真呢？而且，如果改革创新到头来无利可图呢？正如他的书很明显无能指出的那样，资本主义促进创新的观念，但也会阻碍它。这是那些抱持乐观态度的人所不能欣然接受的真理，只要存在偶发事件，就会有永久失败的可能性。诚然，震撼人心的进步也是有可能的。

顺便提一句，雷德利显然没能看到，在某种社会秩序的道德丑恶中，个体只有在"被激励"（很可能是不菲的经济回报）

的情况下才会去服务他人。反企业活动家们虽对国民医疗服务体系这样的"利维坦"信任有加,却仍然"怀疑那些必然会向你索求的庞然大物"(第111页),这一事实让他感到困惑。人们或许认为,不受利益驱动的企业比起那些唯有在他们眼皮底下挥舞信用卡才会给你缝合伤口或教你孩子做算术的人,在道德上更为优越。资本主义对他们来说有如月光一样自然的人们,不会想到这一点。雷德利把资本主义企业描述为"人们暂时的聚集,以有助于他们的生产,就如帮助他人去消费那样"(第67页)。说来就好像微软和可口可乐是慈善机构,而它们对人类福祉的无私贡献也堪与撒玛利亚会(Samaritans)和童子军(Boy Scouts)相提并论了。在刻画埃克森美孚或微软的作为上,"帮助他人去消费"说来极尽委婉。这就好比说,一个贼开着你的车跑了,而你觉得他是要强迫你步行,以帮你缩减腰围。

除了偏激和浮夸的文字,在其乐观的愿景上,雷德利的含糊其词也令人诧异。例如,他承认,那些在英格兰工业早期操控磨坊和工厂的人们,"自小就在充斥着可怕的危险、噪音和尘土的环境里超时劳作,而后穿过污浊的街道,回到拥挤而肮脏的家中,工作保障、饮食、医疗卫生和教育条件都极差"(第219页)。虽然如此,他却认为,比起从事农业劳动的祖辈们,他们过得好多了。在1850年,城市贫民的处境堪称恶劣,但1700年的乡村贫民的生活就更糟了。你还进步了呢。雷德利声称,在二十世纪仅有一亿人死于军事冲突,比起在采集狩猎社会被杀死的人少了太多。这听来就好像在说,一个双肢截瘫的人比一个四肢截瘫的人有着无比的优势。史蒂芬·平克(Steven Pinker)在其《人性中的善良天使》(*The Better Angels of Our Nature*)一书中,也使用了一样的伎俩。他指出,二战中死了五千五百万人,自当时的世界人口来看,这数据才勉强挤进人类所有年代大灾难死伤表的前十位。很难想出比这更温暖人心的消息了。类似地,平克对气候变化的危害也轻描淡写。不寻常的是,这一主题在他那镇痛式的叙述中占去了不少于一页的篇幅。他甚至厚着脸皮说,从对核战争的恐惧(他莫名其妙地认为已经减小了)转移到"生态体系破坏、洪灾、破坏性风暴、日益严重的旱灾以及极冰融化"的前景,代表了"一种进步"。[20]

在谈到原始人类的时候,雷德利说,"他们残杀,他们奴役,他们强夺",千百年来,这个问题"依然未得到解决"(第351页)。如果这意味着人类终于偶然撞见了自身好斗性的解决方案,那么雷德利还真应该和读者分享这一发现。"暴力,"他如此说到那个年代,"是一个长期且始终存在的威胁。"就好像这种矛盾和翼指龙一样是过去存在的东西似的。我们被告知,在人类的洪荒年月中,"一些人迫使他人为自己劳作,如此的结果便是,金字塔和闲暇成了少数人的,苦工和疲惫却消耗了多数人"(第214页)。但这一切都随着科技的进步而发生了变化,就好像少数人雇佣多数的劳动力随着法老的驾崩不复存在了一样。实际上，生产力的进化根本不会为大众带来闲暇。恰恰相反，就人类所有激动人心的科技进步而言，现代的男人和女人们工作起来比他们新石器时代的祖先还要辛苦。他们在种种社会关系下劳动——对于这些关系，高明的雷德利若无其事地不予考虑——这些关系要求他们如此行事。

自另一个角度看，雷德利和他所装出来的乐观主义者也相去甚远。他的欢快源于这样一种信念，即一直以来折磨着人类的各种问题都处在被解决的过程之中。但这就承认了，人类迄今为止的历史着实悲惨。若不如此，也没有必要兴兵动武了。迄今为止所发生的一切，无论就其实质还是时间跨度而言，都远比雷德利急于称颂的新近以来的进步更为重要。就整体来看，人类历史绝不是幸运的。我们固然能攻克癌症，但比起过去受其折磨而死的千百万人，这慰藉也是微不足道的。不出几十年，非洲儿童的脸颊会丰满起来，但尽管如此，也无从挽回那已经消失了的千百万人的生命。美好的未来还要承受多久才能赎回这样的过去呢？它做得到吗？即便是基督教，在其所应照的未来中，受苦人的泪水将从眼中抹去，病人的躯体将得获全整，也不能拭去疾病和绝望的历史印记。上帝也无能挽回已然发生之种种。在基督教的视角之外，死者是希望所不能及的。我们无从补偿先辈们的罪恶。像渺远的未来一样，这罪恶远远超出我们的掌控。值得顺带一提的是，雷德利对基督教的观察，暴露出了人们期望从他那种世俗自由派身上看出的神学上的无知。

譬如，在他的想象中，基督徒们都认为肉体只是灵魂的容器。此观点和《新约》的相通之处，不比和康沃尔民族主义（Cornish nationalism）的共性差到哪去。

如果说过去不能被简单抹去（如雷德利似乎所鼓吹的那般），那尤其是因为它是现今当下的一个不可或缺的构成要素。我们能够超越过去，这当肯定，但也只能是借由它遗赠给我们的能力。世世代代养成的权威与顺从，傲慢与惰性，要于一夜之间抛弃是不可能的。相反，它们构成了一份易卜生式的遗产——那污染人类创造力的罪恶感和债负，渗入到当代历史的血骨之中，纠缠着我们更为开明和解放的脉搏。相比之下，雷德利倒成了在蒙昧的过去和更为光明的未来之间做出粗陋的进步主义式区分的受害者。他不仅没能看到过去和当下是如何深深地交织于一起，也不明白对于即将到来的一个更有希望的时代，过去能带给我们怎样宝贵的资源。一个只能靠其当代经验过活的文明确实贫乏。如果过去会让像雷德利那样自由的现代派身心交疲的话，那不只是因为其中有太多东西威胁着要杀掉他们的傲气，也是因为过去之中含有那些会导致当下发生更为深刻变革的遗赠，而他们却不能容许这种变革。

雷德利坚信，历史之中唯一不变的因素就是人性。但自迄今为止的叙事看来，人性几乎不曾为繁荣提供些许的地基。因而，他的保守主义和自己的进步主义是不相称的。在此问题上，他同样有失一贯性，因为在坚信人性的恒定不易之时，他还兜售一种相当粗俗的所谓商业人本主义。在此主义看来,商业的发展和文明的播撒比翼并肩。总之,我们贸易得越多,就变得越美好。到头来,雷德利所能做的无非是相信人性中的一面——我们创想精明的新观念的能力——会胜过我们对诸如残忍、私利、剥削等的偏好。这似乎是一种未必有胜算的赌注。

雷德利相信的不只是进步,更是进化。就此而言,他和一般总裁们的亲缘比与黑格尔(Hegel)和赫伯特·斯宾塞的关系更近。新千禧年伊始的数年中,一种曾被认为在一战战场的废墟中销声匿迹的观念又死灰复燃。从物种的起源延伸开去,到鼓舞人心的未来,《理性乐观派》不只谦虚地反省了苟活在二十一世纪的光彩,更铺展开宏大的叙事。人类进化出了集体智慧,得以在观念领域进行交易,从而借此改善自身的处境。但这样的交互沟通同样衍生出酷刑和战争的事实,却被慎重地避开了。这本书也没能把握到一点,像马克思对生产力发展的信念一样,集体智慧也是一个极其宽泛的构想,并不足以为人类发展提供准绳。雷德利不为这一观念的暧昧含糊感到难为情,说进步是"一股在男人们和女人们的事业中无可阻挡的潮流"(第350页)。简而言之,相比于他所认为的那个我们已经抛在身后的时代中的实证主义者和历史决定论者,雷德利同样是一个不折不扣的决定论者。

至少就此而言,他是一个彻底退化了的先锋派人士。进化一如关节炎,不可阻逆。面对进步的展开,我们像推土机前的美洲獾一样无助。谈到个体，雷德利就成了一个驯良的传统中产阶级自由派，除了能在"哪住、和谁结婚、怎样表达你的性需求等"（第27页）方面做出自己的选择，他想不出还有什么更好的成就感。强有力的人类叙事，在广袤的空间地域和无尽的时间尺度中铺展开来，恰好成了这些自由派们在汉普斯特和北牛津所偏袒的那种形态（第25页）。然而，他在个体层面如此看重的自由，放到社会层面上就似乎要破灭。那无情地驱动人类历史前进的集体智慧，一如最高的独裁者，拒绝接受质疑。与此类似，要藐视市场这只不可见的手是不可能的，就好比你不能抵抗天命。

如此看来，在漫不经心的遮盖下，雷德利倒是一个宿命论者。比如，他写道，"对于扩张的经济而言，收入差距是不可避免的"（第19页）。但是，为何这个未来的承办人要佑护这般的末日预言呢？难道他想不出一种会否认这一点的别种样式的社会了？为什么他如此傲然地嫌恶观念创新呢？在此，他声称自己所欣赏的那种创造性的想象力又成了什么？构想一种经济扩张于其中不会同时引发严重不平等的社会体制，难道是我们那过分自负的聪明所不可企及的？雷德利的想象力是被当下那颠扑不破的逻辑束缚住了。对他来说，真正敞开地去面对未来的不确定性，就像拉开距离去看他自己正栖于其上的树枝一样。而未来只会是当下的改良版本——也就是说，根本就不存在什么真正的未来。

有左派乐观分子,也有自由派乐观分子。在《文学与革命》(*Literature and Revolution*)的结尾,列夫·托洛茨基(Leon Trotsky)勾勒出了他对共产主义未来的愿景:

> 人将能够把人民宫建在勃朗峰巅和大西洋底,他将不仅能为自身的生活增添丰富性、光彩和强度,也能带给它最高程度的动态特质……他会通过赋予自己的肢体以极致的精确性、目的性,通过把经济学带入他的作品、步调和戏剧之中,而把对美的追寻作为自身的事业。他将首先尝试去把控半意识状态,进而掌握器官中的潜意识过程,如呼吸、血液循环、消化、生殖;(在可能的限度内)他还将尝试使它们隶从于理智和意志的控制……被解放的人,会想在其器官的运作上达至一种更佳的平衡,一种更均衡的组织发育和损耗,从而把对死亡的恐惧降至为生物面对威胁时的理智反应……
>
> 人将致力于掌控自身的情感,把本能带至意识的高度,使其透明化,将意志的线路导向隐秘的幽深,借此而把自身提升到新的境界,建立更高的社会生物型,或者说,超人……人将变得更强壮、聪慧而且更为精微,不可测度;他的身体将变得更加和谐,动作更具节奏感,声音也更有音乐性。人的平均水平将升至亚里士多德、歌德或是马克思的高度。而在此高度之上,又会崛起新的高峰。[21]

这恐怕不尽是对斯大林主义俄国的准确无误的描画。苏联的银行职员们没能迈着芭蕾舞演员的步代赶赴公共汽车，也鲜有商家学会了如何控制自身的血液循环，但在劳改营中咆哮着命令的声音并不总是悦耳的。一向乐观的托洛茨基，让《理性乐观派》读起来就像是《约伯记》。

希望并不总是和进步的原则紧密耦合。事实上，犹太教就是一种打破它们之间链接的宗教信仰。历史可能确曾时有进步，但不能因此把进步和救赎混为一谈。作为整体的历史似乎并没有在稳步地接近那全能者，好似从一座高峰攀缘至另一座高峰，直至滑翔到荣耀的尾声。对《新约》而言，不应把末世或者上帝的未来国度和作为整体的历史的圆满混为一谈，也不能将其视为那向上的不懈跋涉的凯旋。它应当被看作这样一个事记，暴烈而无可预言地侵入人类叙事，颠覆其逻辑，貌视其上位权，并将其睿智揭示为愚蠢。弥赛亚唱响的不是历史旋律的最高音，而是把这旋律骤然打断了。鉴于弥赛亚最显眼耀目的事件——祂并没有到来，祂的权力的一小部分就落到了每一代人的身上，为了那被压迫的而去行使，将穷苦的带向权力，以寄望于加快祂降临的步伐。在此意义上，弥赛亚的不在场并不是可能性的，而是决定性的：它腾挪了空间，而救赎历史的任务就交到了人类手中。如果希伯来圣经所允诺的革命性的倒转能够在我们的时代完成，由之给穷人们以佳物，把两手空空的富人们打发走，那么历史也将猝然而终。

然而，历史和末世之间的关系不是简单的选言命题。它们之间虽有一定程度的连贯性，却不是按照某种宏大目的论的样式。通由天启般地侵入历史时间，上帝的国度实现了内在于其中的转形瞬间。这是一种对正义和同道关系的断裂的叙事，违逆了人们或称之为历史性时间的首要阴谋。自这一观点来看，在历史的织理之中，似乎被编进了一种暗码式的希望——一种潜文本，其文字尽散于历史文本的纹理之中，而只能在末日审判时聚集成完全清晰可读的叙事。直至那时，回看世俗历史的进程，诉求正义的种种罢工之间的秘密契约才见诸于世，而所有这些事件都将被揭示为一个单一救赎的方方面面。

瓦尔特·本雅明在其《历史哲学论纲》（*Theses on the Philosophy of History*）中所称谓的传统，正是这样的情节副线，或说是那种疏落而具有隶属性的瞬间的聚集。在他看来，革命性的史料家的任务，就是通过在这种秘史的断片之间伪造亲缘关系，以预见审判日的回眸。[22] 这样一来，他或她就把时间带至瞬间的停滞，并由此而预表它那末日般的终局。乔吉奥·阿甘本（Giorgio Agamben）认为，弥赛亚时间不是某种可以替代普通克罗诺斯（Chronos）的维度，而是那种后者借以完成自身的时间，是一种内在的移位或非联合性。克罗诺斯在其中被收紧、完成并重演，且陷于已然和未然之间。[23] 此见地和阿兰·巴迪欧

(Alan Badiou）所谓"那稀贵的作为真理的短暂政治时序的网络"不无关联。[24]

如果说任务在革命的史学家们是紧迫的，那是因为他或她所力图挽回的历史，无时不处于消亡的危险。消亡正是被剥夺者的命运。他们这些男人和女人是没有世系或继承的不育的造物，继而才希求一种不同的记事。他们代表了安托万·贡巴尼翁（Antoine Compagnon）曾说过的"那些没有后裔者们的历史……历史之中的失败史"[25]——那些鲜为人知的对正义的奋争已然消融，在官方的编年史中没有留下任何印记，由此抹黑了整个关于遗产、应得权利、直系继承的观念，而被压迫者们的编年史家必须设法挽救其不可思议的力量。他或她必须摧毁那以之为组成部分的命定的叙事，将其从恒常威胁着要吞噬他们、为着审判日而掩藏他们的遗忘中挽救。我们现身于此，就是要制造麻烦，代表那些不再能制造麻烦的人们，亦即死者。

在本雅明看来，这样做是为了让时间短路，以与弥赛亚之降临悉切相关的历史性突发时刻来阻断时间的贫瘠进化。如此一来，回忆录作者至少能在回忆中解除全世界受苦者们在其时代所忍受的失败的罪责，使他们担承救赎当下政治的力量。马克斯·霍克海默（Max Horkheimer）写道："被曲解并在晦暗中死去是痛苦的。把光投射到这晦暗中，当是历史研究的荣耀。"[26] 他意识到，历史编撰学应是失败者的编年史，而非立于恺撒视角讲述的传奇。在那些希求回忆的人之中，就有本雅明。

身为法西斯主义的受害者,他似乎认为自身的处境远超乎当下的救赎。"我们所期望于后来者的,"他写道,"并非对我们的胜利的感激,而是对我们的失败的回忆。这是一种慰藉——给予那些已不复寄望于慰藉的人的唯一的慰藉。"[27]

在本雅明的眼里,普世史(universal history)的确存在,但并不构成惯常意义上的宏大叙事。毋宁说,永存的苦难现实才有着大叙事(grand récite)的形式,而少了它那目的论式的突进。这样的苦难毫无意义可言,所以对历史也没有必要。于是,本雅明以悲剧的、弥赛亚的词眼,重述了黑格尔和马克思对于历史根本上乐观的看法。如果他能在整体上谈及历史,那是因为他于其中记下自己对这些问题的反思的紧急情状——在自杀之前不久逃离纳粹的极度危险时刻——构成了一副辩证的影像。透过作为永久紧急状态的个人危机和政治危机,这样的历史得以被超乎现实地凝缩。

即便如此,本雅明仍将历史那瞬息即逝的本性视作希望遭受讽喻的一种源泉,因为这种易逝性通由否定而指向了弥赛亚的降临。每一刻世俗时间的衰变,就其与那种重大的干预相关而言,都指引着历史的流逝。(在基督教,人们还可以说,弥赛亚已然降临——但却披带着被折磨和处决的政治犯的伪装,如此一来,其外形是如此猥亵而无从辨认,以致实际上归于无形。)在尽是残骸废墟的所谓历史中,本雅明最为珍视的是那种隐秘瞬间的结成,它就像暗黑天际突现的群星,凡俗历史中的男人和女人们在其中试图去加快弥赛亚降临的脚步,在他们的时代中为了(祂终将允诺他们的)正义和团契而罢工,力争将时间带至完成。这样的瞬间不应被视为某种完整的宏大叙事的诸阶段;它们也不仅仅是奇异的存在,或是一系列光彩夺目的关乎人类存在的毫无根据的行动(actes gratuits)。相反,它们是上帝国度降临的策略性步骤,只是不像货运列车交付货物那样将其兑现罢了。问题在于,如何看待这些行动的结果,而又不以资产阶级进步主义的方式奉未来如神明。不落入人们与之对抗的工具理性而又富于策略,这样的行动方式存在吗?

话说过来,本雅明所追求的,是一种非进步主义的希望。他对历史的观点与失败主义和凯旋主义存在分歧,在某些方面又和弗里德里希·尼采的观点极其相近。后者同样认为,创造一个可以救赎过往恐怖的未来是有必要的——这种未来,有些类似于本雅明的历史天使(Angel of History),它将作为"此时此地"暴烈地侵入当下虚假的稳定性。然而,尼采却不试图去补偿死者在剥削者那里所遭受的痛苦,而是为这整个悲剧辩解。如果人们能够创造一个灿烂的未来,如超人(Übermensch)一般,过去就可以被回溯地视为这一成就的必要序言。对于尼采而言,未来将充盈着胜利;但在本雅明看来,与弥赛亚的降临相比,所有的历史时刻都是虚空。不过,奇怪的是,每一刻都可被视为完满,因为它们中的任何一刻都能构建起救世主得以步入的窄门。如果时间的每一刻都仅仅是虚空,对弥赛亚——

希望的代名词——的盼求就不能赋予其生力；而如果它满载负荷，达至极限，照着特定历史决定论的式样挤簇进所有前序时刻的负担，那么它就缺少了必须的暂时性以接迎祂的到临。时间是前后接续的，但并不因此就导致价值的匮乏。在期望与实现之间，在当下时刻的虚空与期望它被丰盈以至随时满溢之间，存在着一种张力。

相比之下，对于进步之意识形态而言，所有时刻的价值都为一个事实所贬损，即它们中的每一个时刻都无非是后续时刻的垫脚石，当下不过是未来的跳板。时间的每一个点，鉴于它和尚未到来的无尽的点之间的关系，都消陨于无形，一如伊曼努尔·康德有关无尽之进步的观念。正是这种剥夺了人类历史的灾难特征的愿景，本雅明同时将其视为道德上的志得意满和政治上的静默主义而拒斥。它没能看到，激励着男人和女人们去反抗的，不是对后辈们获得解放的期愿，而是对于受压迫的先辈们的记忆。是过去给我们带来了希望之源，而不仅是对更令人满意的未来的思辨的可能性。因此，恩斯特·布洛赫（本雅明的朋友）才说到"过往之中仍未偿清的未来"[28]。

事实上，过往在本雅明眼中是出奇地变动不居。进步主义者认为，过去已了无生机，未来却是开放和不确定的。但或许，未来也不是全然无定型的，因为对可臻完美性的倡导者来说，它还受制于永恒进步的规律。就此而言，未来至少服从于一种在科学上确定无疑的预测——它将体现为基于当下的进步。尽管如此，它看起来还是比过去更为开放，这是不证自明的。然而，本雅明却认为，过往的意义在于对当下的维系。过去的历史是流动、易变、被悬置的，其意义尚待被完全决定，而正是我们回溯地赋予了它明确的形式——不仅仅是选择特定的方式去解读过去，更是通过实践去赋予它形式。比如说，一个生养于十二世纪阿维尼翁的孩子，他的命运是否归属于把自己炸成碎片的族群，是由我们来决定的。于是，我们必须努力使过往保持于未完成态，拒绝将它结束的假象接受为终局，并通过重写它在那彰显于自由征象下的命运，再次弹开它的门扉。

一如艺术品，过往的意义在时间中流进。对本雅明而言，艺术品就像缓慢烧熔的保险丝，当它进入新的语境时就产生了崭新的意义，而这种语境的生发是不能被预见的。隐匿于这些人造物中的真理，最初可能是通由它们后世中的某些特定机缘才得以敞释。于是，过往事件的意义最终还是在于对当下的守护。在辩证的闪现中，当下的某一时刻发现了与过往某个瞬间的亲缘，并借赋予后者新的意义而得以重新自观，将自身视为对那种早先的前景的潜在实现。

所以说，在某种隐晦的意义上，我们既要为过去负责，也要对当下和未来负责。死者虽不能复活，却能借悲剧形式的希望赋予自身新的意义，得到别样的阐释，并以一种他们无能预言的方式被织入叙事之中。这样一来，即便是他们中最不惹眼的人，也将在审判日的讯息中被提及。虽然在他们和我们之间可能并没有实际的连续性，但他们对解放的奋争也能被纳入我们的抗争之中，如此一来，无论我们在现时代能够取得何种可圈可点的政治进步，都能为他们曾经奋斗过的事业证言。本雅明认为，通过挑战统治者的权威，我们破坏了其先辈的合法地位，也在此意义上拥护了那些受其虐待的人们。令人惊讶的是，本雅明认为，甚至乡愁都能加以前卫的转调，就如感伤和愁绪在他笔下成了阶级斗争的武器一样。悲伤作为这般艰苦之事，实属罕见。迈克尔·罗伊（Michael Lowy）谈到了他那种"深沉的、无以慰藉的悲伤"，但这种悲伤却将目光转向了未来。[29] 他试图把对于过往的不可疗愈的乡愁升华为革命的变体——其中，就像普鲁斯特的伟大小说那样，在当下追溯之目光的凝视下，过往的事件被带至完成，从而显得比一开始的时候更富于意义。只发生过一次的事情，就相当于没有发生过（Einmal ist keinmal），小说家米兰·昆德拉如是说。在本雅明那里，没有来世的事件本身就有一种本体论层面的脆弱。缺失了作为彻底的编年史的追忆仪式，它们总面临着沉入政治无意识而不见踪迹的危险。

因此，弥赛亚时间和进步原则是不相称的。确实，在世俗历史中好似不存在这样的希望。如果将历史交于其自身，只会生发新的战争、灾难，并上演野蛮。简而言之，本雅明太急于以宿命论和胜利主义去确证他对希望的历史固有性的信念了。更为正统的神学会认为，就希望而言，人类有着某种确定无疑的内在潜能，但这并不能保证爱和正义会在耶稣降临前繁盛于世。相比之下，本雅明在《历史的天使》中则认为，历史会解决这一切。他将愕然的面孔转向过往那持续堆积的废墟，力图攫住时间，以使死者复活，并将永恒带至当下。为了腾挪出弥赛亚或将进入其中的空间，他拉下历史的紧急制动而使其处于"发生之休止"。是进步的意识形态阻挠了他的企图，使他错把无限当成永恒，认为救赎并不在历史的终结，而在其核心处。他同样假定，世俗历史能够仅凭靠自身的力量去兑现人性所需的正义。在本雅明看来，康德所信持的无限进步的前景是地狱的缩影，本身就含有商品形式那永无休止的重复。正是这种似是而非的信条，残酷地将天使驱返至未来，使其不能长久阻遏时间之流，以促成大胆的拯救。进步的神话同样也是这样一种谎言，它认为天使愕然而视的过往灾难，是更美好未来的不可或缺的前奏。天使悉知，凡此种种神正论皆为假象，这也是他为何漠视目的论而奋求为当下开敞出天堂的原因。如果真的有永恒，也必定存在于时间之核，而不在其结尾处。然而，天使却无力对抗这种意识形态的假想物的强力，所以死者才一仍未醒，而历史那漫长的灾难依旧滚滚向前。

相比于犹太教，马克思主义对进步的观念少有含混暧昧。马克思本人似乎大体上相信生产力的稳定进化；但这决不像头脑僵化的雷德利大致所认为的那样，必定会增加人类的福祉。相反，我们已经看到，人类力量和繁荣的蓬勃发展，同样会滋生贫困、不平等和剥削。马克思认为，所有的男人和女人最终都能共享未来从过往继承而来的精神和物质财富。如此说来，人类叙事有其乐观的结局。然而，这种财富借以集聚起来的机制却是属于阶级社会的，由此也意味着不同剥削形式之传奇的上演。当马克思宣称历史通过其恶的一面而前进时，他所想到的正是这一点。自特定的视角看来，历史代表了一种涨落的运动，人类于其中获致了更为复杂的需求和欲望，并由之进化出新的力量和才能，而这一切都有赖于他们的物质发展。不过，自另一视角看来，历史却是从一种组织不正义的形式倒斜到另一种形式，如此观之它也是一个悲剧故事。但悲剧并不必然包含一个棘手的结局，可能仅仅意味着，人们须得穿越地狱之境方能获致少许的福祉。而对马克思主义而言，情形好似确实如此。

这种立场存在着一个严重问题，这一问题和马克思偶尔忽视生产力的发展会长久停滞不前这一事实相去甚远。此理论到底是一种神正论，还是对恶的辩护呢？难道马克思是在断言当下的不公是继来之正义的必要条件吗？社会主义，他坚信，只在既往生产力发展的基础上才是可能的，不然就将以他所尖刻斥责的"全面匮乏"而告终，一如历史所见证的苏联和它造的卫星。虽然发展生产力最为有效的路径恰是资本主义，但在马克思眼里，资本主义就意味着不公。因此，他认为，"人类生产力的发展是以牺牲个体、甚至阶级的大多数为代价的"[30]。长远的善好似包含着眼下的苦难。那终将惠泽自由王国的富足，本身就是不自由所缔结的果实。这种论调听起来像是一种令人不安的成熟的神正论，虽然其中还需插入一些重要的说明。一方面，希望作恶终将成就善与把既存的恶转化为自身利益，是存在差别的。另一方面，马克思的著作并没有指出，社会主义的出现将回溯地为阶级社会的罪恶做出辩解。

纵然有那些在终点站下车的幸运儿，可殒命于隧道和岔路者仍旧是个问题——那些人没有被历史的机车送至妥当的终点，名姓又被从历史的记载中抹去；他们过着那般徒然而辛劳的生活，以致真的可借叔本华式的方式追问：如果他们从未曾出生是不是会更好。那些亡命于路旁，未得实现而被遗忘的数以百万计的人们，又当如何呢？"社会主义建设最为紧迫的问题，"弗雷德里克·詹姆逊（Fredric Jameson）写道，"仍是有关个体牺牲，以及现时代的人为着那些他们不会亲见的将来世代的利益而放弃自身的问题。"[31] "那些殒命的人所遭受的，"马克斯·霍克海默说道，"没有什么未来能够弥补……在这种无尽的冷漠之中，仅人类意识就能成为废止那些不公遭遇的所在，成为唯一不向其妥协的主体。"[32] 然而，死者于记忆中复生，却好似某种更为真实的补偿的不良替代品。同样地，那些单凭政治方案永远无力补救的鲜为人知且不可胜数的悲剧，又作何解呢？惊人的是，竟有如此少的马克思主义者似曾质问过他们自己，那最为辉煌的被解放了的未来，是否能够胜过这般悲伤的传奇。

这也是可以把马克思的理论（即便其本人不会同意）合切地称为悲剧性的原因之一。

并不是所有评论家都同意如上看法。在乔治·斯坦纳（George Steiner）看来，所有对于人性的有力信仰都意味着悲剧的废墟。他在《悲剧之死》中争辩说，无论马克思主义，还是基督教，都可被列为悲剧的信仰，并坚持认为，"以天堂去补偿悲剧主角的神学，哪怕最少被触及，都是致命的"[33]。但他所考量的是这些信条对未来的积极愿景，而非人们须为之付出的惊人的不合理代价。耶稣的复活没有挽回十字架受难的现实，共产主义也不会消弭阶级社会的恐怖。人们确实可以断言，当基督教有关希望的信条成为世俗的进步意识形态的时候，那消逝无踪的部分正是其悲剧的维度。和斯坦纳一样，埃福里·杜勒斯（Avery Dulles）也认为，基督教使悲剧成为了泡影。他写道，"基督徒无需畏惧贫穷、屈辱、监禁、肉体的痛苦、注定的失败，甚至死亡的前景。没有任何不测的偶然性会使他感到沮丧，因为他被告知，分有耶稣基督的苦难，是为分享其荣耀而做准备的常态。"[34] 杜勒斯似乎忘了，在客西马尼的耶稣本人，正是被描画为畏惧痛苦、失败、监禁、屈辱和死亡的。如果它要成为真正的殉道者，福音书的作者就必须证明祂并不希求死亡。殉道者放弃的是他所珍视的生命，而不是他视为毫无价值的生命。仅把苦难作为天堂福佑的跳板而予以接纳，并无劳功可言。不论杜勒斯会虔诚地坦承什么，那些无惧于痛苦和屈辱的人，毋宁说是愚笨，而不是令人钦佩。此外，因为《新约》好似认为，末日般的动荡将昭示上帝国度的降临，它的希望就不易与恐惧和战栗区别开来。这种壮丽的溃崩，却归属于一种根本上乐观的叙事，这是基督教的稀奇之处。

我们已经看到，对基督教信仰而言，未来的国度虽内在于人类历史之中，却与此同时和其断离。如果说它像酵母菌一样悄然在当下发挥着作用，它同样也像窃贼在夜里盗取。换句话说：恩典建基于本能够将其接纳的人性，但却在此接纳中改变了人性。随之而来的是，对于人性的信念成了一个现实主义的问题，也因此成了对人性之中那需要被矫正之处的冷静的评价。于是，希望是存在的，不谙世事的乐观主义则不然。转译为政治术语就是，纯粹的上帝无所不在论，是与本雅明所反对的那种左派历史决定主义紧密相关的。就后一理论而言，历史中存在着一种会在适当时候实现社会主义的动力。相比之下，绝对的天启末世论同样不可置信。自这一观点来看，变革的事件不可预见地涌入历史，但后者之中却极少有价值之物，也寻不到任何地基。纵然这事件救赎了当下，其根基却不在于当下。这是一种激进的新教徒式的观点，它的政治相关项可在当今的阿兰·巴迪欧（Alain Badiou）的著作中找见。对这种思想方式而言，革命性的事件必定是确实无疑的奇迹，因为在一个衰颓的世界中，似乎并没有它的正当依据。如果历史决定论过于置信时间的果效，那么天启末世论所揭示的就太贫乏了。

就如对作为基督教宗系之一的天主教而言，对一种更为正统的马克思主义来说，合理有据的未来必须能在当下被依稀地辨别。马克思主义认为，它可在由当下体制所孕育的那些力量之中找见，这些力量也能够开启其矛盾的对立面。如果要有真正的希望，未来就必须沉锚于当下，而不能简单地自某种外在形而上学空间贯入其中。与此同时，那酵母般地在当下发挥作用的力量终将逾越自身的限度，指向一种超乎我们当下想象的境遇。能够被当下语言充分把捉的未来，过于和现状串通一气，几乎不能被算作真正的未来。

所以，不论人们对希望作何理解，它都无疑不是一个乐观主义的问题。但事实上出人意料的是，对希望由何组成的哲学反思却少得可怜。我们现在所要转向的，正是这个问题。

第二章　何谓希望？

信仰、希望和仁爱，这三种所谓神学的美德，都有其堕落的衍生。信仰或沦为轻信，仁爱退为感伤，而希望可能落得自欺。的确，要发声"希望"，而不想见其破灭的前景，也非易事，因为诸如"衰微"或"弃绝"这样的形容词会自然地跳进脑海。这个概念似乎有种根深蒂固的天真，阴郁倒好似显得成熟些。希望暗示了一种战栗的、近乎恐惧的期许，无非一种鲁莽确信的鬼魅。于现代，它几乎带来了如乡愁一般的压迫，而后者却或多或少是其反面。希望是纤细的芦苇一根，空中城堡一座。它虽为称心的旅伴，却是糟糕的向导，作为沙司是上乘制品，若为食物则难于果腹。《荒原》中的四月之所以最残忍，是因为它孕育了那虚假的重生的希望。

甚至对有一些人而言，希望是一种侮辱，比起悲剧主人公来更适合社会革命者。乔治·斯坦纳欣赞一种"绝对的悲剧"，它没有被任何可鄙的小资式的希望所"玷污"。"在至高的悲剧之中,"他说,"无价值之物如黑洞一般吞噬。"[1] 在此情境中,那一丁点的希望只能淆乱掺混。斯坦纳抗议道,这般无谓的渴求削弱了悲剧的壮丽。但埃斯库罗斯的《俄瑞斯忒斯》(*Oresteia*)或莎士比亚的悲剧,却恰好不是这般情形。此二者的高度,可满足任何人的品味。然而斯坦纳坚持认为,悲剧之于莎士比亚并非自然。这也是他为何强调,要以繁复多样的对救赎的粗俗暗示来稀释绝望的纯粹本质。相比之下,克里斯多夫·马洛(Christopher Marlowe)的《浮士德博士》(*Doctor Faustus*),因其异乎寻常的崎岖和弯折,不懈于冷眼的目光,才由此称得上"深刻的非莎士比亚风格"。这一形容词是被用作赞语的。悲剧藐视所有的社会希望,也因此固有其反左派风格。悲观主义是一种政治立场。[2] 天主教哲学家彼得·吉奇(Peter Geach),同样对希望放出了冷酷的眼光,但其原因或相当迥异。他强调,如果希望不存在于基督教的福音中,就毫无希望可言。[3] 人们对于饱餐的渴望因其并非基于耶稣的死和复活这一事实而落空,是难以置信的。即便基督教对于人类而言是唯一最终的希望,也并不就意味着那些无法达至上帝国度的渴望注定会失败。

对于希望,政治上的左派可以像斯坦纳式的右派那般小心谨慎。克莱尔·科尔布鲁克(Claire Colebrook)对"无望的女权主义"的玩味就是一例。她写道,"女权主义,看似可能需要抛弃希望——希望一个有钱的男友、更大罩杯的胸、更瘦的大腿和一个时下更难到手的提包——以便去想象一种未来,那能将'我们'从一向饱食并受其麻醉至懦弱的陈词滥调中解放出来的未来。唯有历经极度的无望才能达至乌托邦。"[4]科尔布鲁克没有毫无保留地认同这种政治,且有其充分的理由:倘若女人们可以有许多虚假或消极的希望,她们也会有一些真正的希望。但即便如此,左派对于希望的怀疑也不是毫无根据的。乌托邦的图景总是面临没收那本可被投入其建构的能量的危险。

怀有希望的人,看起来很可能没有那些缺失希望的人意志坚强,虽然有时候没什么比悲观主义更放纵于不切实际了。在现代性的纪元中,比起欢欣来,忧郁更是老练的姿态。布痕瓦尔德和广岛之后,坚信未来将体现为对于当下的进步的希望,似乎不过是无稽的信念,让人想起塞缪尔·约翰逊(Samuel Johnson)把再婚讽刺地描述为是希望战胜了经验。然而,在我们的时代,最为可怕的事件也能为希望留下余地。如雷蒙德·威廉斯所指出,如果说有人死在了纳粹集中营,同样也有人为摆脱那些建造了它们的人的世界而献身。[5]

大体说来,比起信仰和爱,希望和神学的美德更少关联,也更少激发学术层面的探索。抛开书名不讲,彼得·古奇的《真理与希望》(*Truth and Hope*)一书对希望着实没什么要说的,而且显而易见,他在《美德》(*The Virtues*)中对希望的探讨比起对信仰的评论用了更少的篇幅。值得指出,这三种美德之间有着紧密的关联。圣奥古斯丁(St. Augustine)在《信·望·爱手册》(*Enchiridion*)中写道:"没有希望就没有爱,没有爱也无所谓希望,缺此二者,更奢谈信仰。"[6]信仰是爱的献身,抑或热诚的信念。对于东正教教义而言,它之所以可能,首先是因为上帝对人的痴恋。"信徒是那沉浸于爱的人。"祁克果(Kierkegaard)在《致死的疾病》(*The Sickness unto Death*)中写道。信任是信仰的题中之义,前者反过来包含着某种仁爱或无私。它是一种坚信,坚信他人不会对你撒手,自己不会被放弃,是为希望的根基。事实上,《牛津英语词典》将"信任感"作为"希望"一词的旧意。希望是对自身的事业终将达成的信心,一位评论者将之称为"对特定目标的愿望及其可实现性的积极投身"[7]。就其本身而言,希望含有欲望,并因此在广义上涵括了爱。正是信仰揭示了人们所可能抱有的正当希望,而且归根结底,这两种美德都根植于仁爱。

在托马斯·阿奎那(Thomas Aquinas)那里,爱不同于希望之处在于,它已然和其对象达成统一,至少在精神层面如此;但如丹尼斯·特纳(Denys Turner)在释义阿奎那时所评论,"真正的仁爱产生那种使朋友间相互依靠的希望,因为通过仁爱而结交的朋友才是我们几乎能够完全信任的"[8]。在阿奎那看来,信仰和仁爱在逻辑上先于希望,但对康德和约翰·斯图尔特·密尔(John Stuart Mill)来说,是我们对上帝的希望才使我们假定其存在。米盖尔·德·乌纳穆诺(Miguel de Unamuno)也持此见,他在《生命的悲剧意义》(*The Tragic Sense of Life*)中说,我们因希望而信,反之却不然。美国前总统比尔·克林顿曾把信仰和希望的美德牵连在一起，他说，"我仍相信一个叫霍普（Hope）的地方"（意指他长大的那座城市）。如果他把自己的情愫表达为"我仍相信我所挚爱的那个叫霍普的地方"，就会把这三种神学的美德巧妙地结合在一起了。

　　总之，信仰的基础愈理性，就愈多希望，因为人的信仰在此情形下更有可能得到辩护。例如，信仰人类对正义的激情——这是历史自始至终所见证的——就是怀有这样一种理性的希望，希望它即使最终没能占据上风也不会平白无故地从地球上消失。对基督教而言，信仰复活了耶稣的上帝，就是对人自身也终将经受这般转变立下希望的根据。同样地，人们可以信仰人的权能，却与此同时将自身成就的可能性视作微不足道。由此，希望就并不总是紧随信仰之踵。反过来说，你可能对和平与正义抱有希望，但对人类实现此二者的能力却鲜有信念。抑或，你会感受到对人类的挚爱，但对作为物种的人却无一丝一毫的信念，也毫不希望其处境会有显著改善。绝望之爱绝非毫无可能。

　　然而，倘若希望是一种幻觉呢？那也没有明显的理由将其摒弃。亚历山大·蒲伯在《人论》中认为，希望是一种疗愈的虚构，通过说服我们去追求一个接一个荒诞的目标，将我们持留于存在之中：

希望在人的胸间生发着永恒；

人从来不曾，却总期许着眷佑。

此话欺人，远没有它听起来轻快而夸张的对句形式那般积极。"永恒"一词在神性荣耀的触摸下赋予了它希望，虽然它实则只有"无限期"的意味。对于我们来说，唯有不满是经久不衰的。"人从来不曾，却总期许着眷佑"听起来有着相宜的虔诚，但实为讽刺。我们固执于希望，是因为我们时常不复有幻想。我们或把这样的固执认作对失败的无畏拒斥，或将其认作对经验教训迟钝的冷漠。此间确实有着希望生发永恒的意涵，因为希望对自身的虚空视而不见。这种执拗和诗句本身的文雅智性形成了鲜明的比照。就如一些现代后期的重要思想家（叔本华、尼采、弗洛伊德）所认为的那样，对蒲伯和塞缪尔·约翰逊来说，意识也总被虚假的意识矫饰掺混，甚至离开了后者就无法行其所能。希望是日神的幻象，或是易卜生式的人生谎言，它置意义的虚空于绝境，与此同时，诸神却在冷冷偷笑。希望可能并不存在；但如果我们不依照它的确存在那样去行事，这种可能性就会变为确实性。在《一个幻觉的未来》（*The Future of an Illusion*）中，弗洛伊德把宗教的希望看作护士向孩子们讲述的童话故事，而且期望去净化这种充斥了慰人的虚构的世界。希望最初表现为婴儿对父母的信赖，埃里克·埃里克森认为这种希望是"生命之中最早的而且是最不可或缺的美德"；但他也写道，在幼儿成长的过程中，"当希望的事或状态得到实现后,具体的希望就会悄然被更高级的希望取代"。[9] 这是一种委婉的暗示——一旦我们得到了想要的,就会希求别的什么。

这样的怀疑论也不仅针对现代。大体上,古希腊人更将希望视为祸害,而非恩赐。欧里庇得斯(Euripides)将之称为对人的诅咒。柏拉图在《蒂迈欧篇》(*Timaeus*)中告诫,希望会把我们带上迷途。托马斯·阿奎那(Thomas Aquinas)刻薄地说,希望多见于年轻人、酒鬼,以及那些审慎不足的傻瓜。[10]"所以说,我们从未活过,"帕斯卡尔(Pascal)在《思想录》(*Pensées*)中有言,"只是希望去过活罢了。"拜伦(Byron)把希望唤作面颊凹陷的娼妓。祁克果在《重复》(*Repetition*)中把希望描述为一个被错失的迷人少女,虽然愿望在他那里与其说是宗教的,不如说是世俗的。让-保罗·萨特(Jean-Paul Sartre)也谈到"肮脏的希望"(le sale espoir)。数世纪以来,幻想就是人类存在的驱动力,它是被肯定还是令人感到遗憾,取决于人们重视奋斗还是自欺。作为健忘的造物,我们压抑过往希望的虚空,以便去追逐别样诱人的镜花水月,这无尽的自我遗忘的制造便被称为人类存在。

自此而观,希望是对未来的盲目崇拜,它将过往缩减为如此繁复的序章,又将当下降为纯粹徒劳的期望。于是,在一些年月中,希望听起来和绝望别无二致。如果说它是出自潘多拉盒子最为致命的罪恶,那是因为它阻止我们了结自身,也由此阻止了对其他所有困扰我们的罪恶作以了结。耐人寻味的是，潘多拉的传说对希望到底是疾病还是疗愈的问题是模棱两可的，或者说，它以某种顺势疗法的方式同时肯定了两者。对于悲伤的治疗，我们怀有希望，难道这也是悲伤的一部分吗？因为这希望阻止了我们以自杀去欺瞒悲伤？难道希望就像叔本华那恶毒的意志，让我们活着就是为了去经受进一步的折磨，一如被施虐者在头顶滴尽整桶水吗？

就此看来，希望是当下的裂缝，通过这裂缝我们得以瞥见未来，但它也挖空了人类主体，贬低任一时刻的价值，将其献祭于未来——永远不会实现的未来——的神坛之上。没有这种不断将自身向前投掷的过程，没有对难于掌控的心满意足的攫取，就不会有具体的人类生活。"我们不幸福，也无能于幸福，"韦尔希宁在契诃夫（Chekhov）的《三姐妹》（*Three Sisters*）中说："我们只是希望幸福。"希望，就像欲望，是人类动物——它的存在是永恒的尚未，它的本质是一种悬置——和自身不一致的方式。它代表了卡尔·拉纳（Karl Rahner）所说的"基本的人类存在的样态"，而不仅仅是一种精神态度。[11]

塞缪尔·约翰逊认为，这种非自我同一性正是颓丧的充分理由。但有趣的是，约翰逊对希望不置可否，因为他同样将之视为对人类奋斗而言不可或缺的激励。在他所作《论罗伯特·莱维特之死》（On the Death of Dr. Robert Levet）一诗中，希望被直言不讳地描述为"惑人的"；然而，在《漫步者》（Rambler）中，约翰逊同样说："希望是必需的，尽管希望总让人失望；因为希望本身即幸福，无论其挫败多么频繁，都不如幻灭那么可怖。"[12] 幻想或富有成效的谎言，至少比绝望更为可取。在埃斯库罗斯《被缚的普罗米修斯》（*Prometheus Bound*）中，普罗米修斯告诉合唱队，在他对人类的其他善行中，"盲目的希望"是为礼赠。合唱队毫无讽刺地答道："您的礼赠为他们带来了极大的福赐。"也许，我们唯一能达至的幸福就是对幸福能够被达至的希望了。

抛却约翰逊所有的怀疑不说，他会将希望描述为"人类首要的福赐"。[13] 尽管他补充道，只有对于我们的理性而言确乎其实的希望，才不会蒙蔽我们。他或许应该想到，只有一个成员能被归为此类（基督教对于救赎的希望）。如此就容易看出，他何以对这种美德有如此高的评价，却与此同时〔在他的小说《拉塞拉斯》（*Rasselas*）中〕认为它多半是虚假的。神圣的愿望与世俗的想望之间的差别才更为重要。或许，在约翰逊看来，希望含有一种认知上的不一致或者救赎的讽刺，人们可以同时肯定又怀疑希望。也可能是，意志的乐观主义抵消了智性的悲观主义。就像一位现代哲学家拐弯抹角所说，"希望于 p 的人，其表现就好似他'假设了最好的'——话说过来，他认为确实如此。然而，他不需要相信 p 是这般，或可能是这般；他甚至会认为 p 或许并非如此。"[14] 无论如何，我们稍后将明白，虽然希望并没有必要蕴含可能性，但确实是取决于可能性的。

除去别的方面，司各特·菲茨杰拉德（F. Scott Fitzgerald）的《了不起的盖茨比》（*The Great Gatsby*）的成就关乎这样一个事实——这部小说不允许我们对其主角浮夸的梦想抱持明确的态度。虽然盖茨比到头来是个骗子，一个堕落的幻想家，但他对黛茜那不容缓的欲望依然焕发光彩。在此欲望的错谬的核心处，隐藏着一个真相。盖茨比有着故事讲述人所谓的"对生活前景的高度敏感……一种非凡的希望的天赋，一种我从未在他人身上见过也没有可能再找见的浪漫的意愿"。诚然，他的希望将化作乌有，因为过往的力量确实强过未来的引力：

> 盖茨比相信绿光，那种在我们眼前逐年衰落的高潮的（原文如此）未来。它躲避着我们，但这无关紧要——明天我们会跑得更快，把胳膊伸向更远处……迎来一个美好的清晨——
>
> 所以我们奋斗不止，逆流行船，不停地被浪潮打退到过去。

过去和未来一样不存在，但因其被赫然凸显而优于后者，这就是它为何仍能行使一种被未来所否定的权力。如果说当下跳脱不出过去的轨道，那不仅是因为我们多是由过往铸就，更是因为——正如盖茨比那绝望的冲动一再上演——它并没有这样去做的愿望。当下的大半都在努力夺取那已无可挽回的失去。

就好像它无非是一种让过去再现的机缘,只不过这次是以喜剧的样式。世界本身,讽刺作家卡尔·克劳斯(Karl Kraus)说,就是一条回返天堂的错谬的、偏折而迂曲的道路。

即便如此,盖茨比那如此令人心酸的自欺自瞒,也不能全然暗淡他的光彩,驱散他的迷魅,就像初次踏上美国土地的欧洲难民的愿景并没有被这个国家后来波折多变的历史彻底动摇一样。在《了不起的盖茨比》褊狭而狂妄地称之为"最后也是最伟大的人类梦想"中,"面对这片大陆,人必须要在转瞬的时刻屏息凝神,被迫进入一种他既不理解也无所欲求的审美沉思,并最后一次在历史中直面那种和他接纳奇迹的能力相应相称的东西"。同样地,保罗·奥斯特(Paul Auster)的《玻璃之城》(*City of Glass*)的叙述人,也如此想象这些拓荒者进入新世界时的情形——"乌托邦思想加速跃动,那对人类生活完美性的寄望迸出火花"。纵然我们意识到,这种殖民地的冒险绝没有明确无疑的光辉前景。

自如上颇有问题的视角来看,即使最具毒害性的或妄自尊大的希望,也有着乌托邦的内核,我们稍后将在恩斯特·布洛赫的著作中明见这一点。所以,菲茨杰拉德的小说才能够欣赏"(盖茨比)幻想的异常生命力",无论其后果是死亡还是毁灭。和此故事的剧情一样,只要被恰当地解释,每一种致死的希望都能使我们收获因屈从于生活的暗淡而被扭曲的回音,就如最具灾难性的人类行为也代表了一种未竟的对幸福的追求一样。

在这个意义上，非本真能作为本真的媒介。此中发挥作用的或许是一种特别的美国文学主题。在《白鲸》（*Moby-Dick*）中，亚哈仍旧固执地忠于致命的妄念，并由此而达到了悲剧的高度。对于阿瑟·米勒笔下有着较少史诗风格的威利·洛曼，也可作此说。在流于形式风格中，人们被引导着去欣赏献身的激情和坚定，顾不得它有多么糟糕和偏执了。

希望和欲望之间存在差别吗？有时，区别会显得微乎其微。"希望如此"，意思可能只是"但愿这样"。在想要一支雪茄和希望有一支雪茄之间，并没有形而上学的鸿沟。加布里埃尔·马塞尔（Gabriel Marcel）把希望视为贪婪利己的爱和欲望[15]，但如此一来就忽视了这样的事实——恶意的希望和善良的欲望都有可能存在。希望和欲望虽可能是道德上的状态，却不必然如此：你也可以希望不要下雪，或者想要一个腌鸡蛋。欲望总是指向特定的对象，但希望的目的总体上却是一种事态；当然，你可以渴望一种事态的实现，或希望有更平滑的皮肤。人们同样也会说寄希望于某人（和对某人抱有希望不同），意思是，他们不会辜负你的期求。在一定意义上，你可以欲求（而且确实挚爱）已经拥有的东西，但却不能希望拥有后者。[16] 希望和欲望也可能彼此冲突：你会想要一支雪茄，可却不希望屈从于自己的欲望。抑或，你自觉有意地希望某事，却不自觉地对它心怀厌恶。希望和信念之间也会存在差异：比方说，你可能希望自己死于狂犬病，却丝毫没有这样的信念。在迹象微弱的情况下，你虽没有坚定的信念，却依然能感到强烈的希望。相信某事会发生，就是期待它的发生，但希望它会发生却不见得如此。[17]

"我希望明年十月会在纽约，"这话标识了你对自己会在那里的一种期望，而"我希望自己是米克·贾格尔"却不然。"我希望从这种折磨中解脱出来"，表达了一种愿望，但也可能是一种期许。因为比起纯粹的欲望来，希望更是期愿，所以它要意愿可能之事，或至少那些对其可能性有所把握的事，但对欲望而言却不必然如此。[18] 那些希望当世界银行主席的人，比单纯梦想于此的人更有可能得到这个没有把握的荣誉。因为，前者期望这一职位的事实就意味着有可能会得到它。托马斯·霍布斯（Thomas Hobbes）在《利维坦》中说，希望是"有获取意向的嗜求"，而保罗·利科（Paul Ricoeur）将其极好地描述为"对可能之事的激情"[19]。斯坦·凡·霍夫特（Stan Van Hooft）指出，对于一种境况，人们可以说它是无望的，却不能说不能有所愿望，因为对于不可能达到的，我们依然能够有所愿望。[20] 人总可以欲求，但却不能永远希望。你或许想成为一只白鼬或伯里克利时代的雅典公民，但却不能希望成为二者之一。某个人可能会想望自己从未来到世上，但却不能希望如此。

徒然的希望并不必然是愚蠢的，但毫无道理的希望确是愚蠢。加布里埃尔·马塞尔坚持认为，除了不可能的事情，我们能够希望一切，因而即使所希望之事明显不大可能，也不会使希望变得无效。希望不可能之事是非理性的，希望不大可能之事则不然。希望比信仰所需要的根据更少：希望某事会发生可能是合乎理性的，相信它会发生却会是非理性的。诚然，我们可以不合情理地希望，也就是说，即使那想要的结果已显然不切实际，也能继续期望；然而，不合情理地相信自己的希望会得到实现，也就是错谬地相信它们是可行的。我们同样能够不切实际地欲求。在精神分析理论看来，那些有着不合理欲求的人会有罹患神经症的危险。不切实际的希望中，也可能包括那些过于胆小慎微的希望。有种偏见认为，希望是幼稚的，可它忘记了在有些情境中，强有力的希望完全合理，虚弱的希望反倒不现实。很难说二十世纪的战争和种族屠杀是一个案例；然而我们可以质问，这一时期中，像 W. G. 塞巴尔德（W. G. Sebald）那样卓越的肖像画家，其无休止的忧郁是否全然是现实主义的。

不可能性取消的是希望，而非欲望：也许你想把某个独裁者诱骗进丹佛市中心的同性恋俱乐部，但却不得不承认自己的愿望是徒劳的。当亚伯拉罕希望他的儿子活命于刀下的时候，他好像是在希望不可能的事，但因为对耶和华而言一切皆有可能，他的希望实际上也就不是徒劳。同样值得一提的是，我可以希望对你而言有可能的事（比如成为一个骄傲的三胞胎母亲），却不对自己寄此希望。虽然对我们而言，死亡标志着希望的终结，但寄予他者的希望却能够在我们死后延续。这并不意味着如此的希望总是无私的。虽然我本人不在世了,却可以希望你去继续我和猫王的模仿对手们之间毕生的仇恨。

罗伯特·奥迪(Robert Audi)指出,对某事会发生抱持信念,通常不会在它真正发生的时候感到诧异,但如果你只是希望它发生就不同了。[21] 他还认为,如果你希望某事发生,但对此却没有信念,就会因此感到羞愧。虽然你对自己统治世界的隐秘计划不会被察觉的信心,的确会是羞耻的充分条件。[22] 通常情况下,已然实现的希望会变改预先的期望。和欲望一样,希望的对象会以变形后的伪装到来,抑或我们的希望会在其实现之时完全改变或者失效。弗洛伊德认为,欲望往往会错失靶向,被与其纠缠的深层渴望(潜意识)带至偏离。也有可能,我们唯有在自身的希望真正实现之时才发现它真正的本质。或许,直到耶稣真的复活了,他的信徒们才会对自己的希望有所认识。

托马斯·阿奎那有言,"人并不寄望于完全超乎其能力的事"[23],并在附文中补充说,希望须是艰巨的,从某种意义上说,它的目的一定是难以达至的。在阿奎那看来,希望是"朝向某种艰难之善的欲望的动作或延伸"[24]。你不能希望不可能的事,阿奎那也不认为得心应手和容易实现的事是希望之美德的最好例证。希望的目的,他写道,是一种关乎未来的善,困难如彼,但并非不能达至。[25] 就此而言,希望是以虚无的乌托邦主义和绝望为敌的。然而,希望并不总是关乎我们的努力,无论后者艰辛与否。原则上,我们可以希望超乎自身能力的事,但这和希望不可能的事并不相同。举例来说，你可能希望天不下雨，或者自己目前的功能性社交妄想症不会发展到全面的神经错乱。

依阿奎那之见，为什么我们不能在一些相当琐细的欲期之事——比如希望自己的裤子能在学位典礼上始终保持笔挺——上使用"希望"一词，并不是清楚明白的。一般来讲，"我希望明天见到你"并不是说这样的见面有可能成为一件难事，包含着一系列需要勇气去克服的障碍。而且，有一种形式的希望就不真的认为其实现是现实可行的，"明年在新耶路撒冷相会！"就是一例。咏唱出此句的大部分人都未必相信，天堂或共产主义真的会在一年之内实现，纵然历史会变幻如闪电；但即便如此，言语还是有着施行的力量，它赋予发声之人以心力，还能借此使那合意的未来多少早些到来。希望明年七月共产主义将统治全球，是以夸张的方式表达一种自己确实认为合理的愿想。在此意义上，这一主张的夸张外壳下隐藏着理性的内核。

希望是亚里士多德所谓理性欲望之一种，它不同于想要吃饭睡觉这样纯粹的欲求。比方说，希望君主制覆灭，并不仅是一种想望，更是坚信这覆灭可以达到，承认它是善的，相信它终将实现，而且是带着期待、甚至一定程度的信心盼望（这其中都含有理性）它的到来。对伊曼努尔·康德而言，希望只在有德行的个体身上才能得到理性的辩护，因为后者独自对每个人都有所欲求的幸福怀有理性的期待。[26] 在大多数情况下，希望和欲望这两者都看向未来，朝向那似乎在当下并不存在的达成。

我之所以说，希望在"大多数情况下"是看向未来的，是因为人们也有可能希望自己的女儿不会在她正在参加的驾驶考试里一败涂地，或者在昨晚的聚会上没有因为爬进自己的獾皮装里而丢人现眼。在这一主题上，几乎所有的理论家都忽视了这一点。如我们所见，阿奎那就是其中之一，他只在相关于未来的意义上看待希望的美德。毋庸讳言，你能够以极为琐细的方式面向未来。有两位对人类颇有洞见的观察者写道，那些相信未来的人"列出待办事项、计划日程，而且带着腕表；他们也会平衡自己的开支——所有这些活动都蕴含着对未来的指向"[27]。自圣奥古斯丁以来，我们走了很长的路。就指向未来的希望而论，我们可以说，它的目的或许已然存在，即便还不具备达成它的条件。圣保罗在《使徒书》中对罗马人说，没有人会希望近在眼前的事，但并不是所有希望都要效仿末世论式的希望。你可以希望去虎食让自己眼馋的那个猪肉派，但这行为尚有待完成却是真的。希望和欲望都在完成的动作中失效，二者就此而言也是相像的。你达成了一个愿望，同时也就取消了它。

因为希望含有一定程度的期待，所以宽泛而言，它在叙事层面比欲望更容易发生变化，后者可以简单地从一个对象转移到下一个对象，并没有十分清楚的故事脉络。相反，希望却有着鬼魅般的情节，借以将当下的行动和未来的实现联系在一起。在许诺的行为中，也有类似的情节。希望，意味着将自身富于想象地投射到一个确有可能的未来，由此，在某种模糊的意义上，这未来已经在场了，不会简单地受制于欲望而凋萎。未来诚然不存在，过往亦然；但就如过往依其效果而存在，未来也可作为潜在而在场。这就是恩斯特·布洛赫所谓的"尚无意识"，意指未来可能被发现是以一种对有待之物的微弱预兆而潜伏于过去和当下，因此是一种反转的回忆。[28] 在布洛赫眼里，这些预兆的形式不是精神行为，而是物质现象：艺术作品、都市景观、政治事件、流行风俗、宗教仪式等等。布洛赫认为，我们虽不能直接感知未来，却能觉到它鬼魅般的牵引力——就像那弯曲了空间的力量。它见于实事的未完成中，在其核心处空无一物。潜在性将当下系于未来，并由此为希望奠定了物质基础。的确，因为严格讲来并没有什么当下——当下根本上是对自身的超越，它在保留过往的踪迹而同时又瞬间跃向未来的动作中为我们所理解——希望才是可想见的。当然了，还有可怕的期待和悲哀的期望。

所以说，希望比欲望更为积极。后者围绕着匮乏感打转，前者却将这种不安和一定程度上紧张的期待混在一起。在阿奎那看来，希望中有几分欲望的不安，因为其目的尚未得到保障，但与这种难于驾驭的情境形成对比的却是它对目的的热望。这不仅是对善的渴求，更是一种朝向善的运动。希望源自欲望，但和普通的欲求不同，它又在其中加入了些许的轻快。在尚未到来的幸福和我们当下的处境之间，有一种可被觉察的联结；希望借此而受到了一种目的论式的推助。而欲望就不那么明显了，至少在精神分析的意义上确实如此。欲望到头来不知餍足，却终折返回自身。但话说过来，也有虚弱的或病态的希望，因为达到目标的可能性过于渺远，当下和未来在其中只有疲弱的关联。

希望和欲望之中都有当下和不在场之间的相互作用，未来于向往中依稀被带至焦点。想象力也是如此。然而，和欲望不同，强有力的希望却不单单在现实的渊薮之上凝望将来的满足，而是对其实现有着快乐的期待，通过在当下之中辨出未来的征象和确定性，将某种欣快感和未来的不完全感融汇于一起。正如恩斯特·布洛赫所说，"幸福的当下同时也被理解为对未来的许诺。"[29] 与之相比，欲望在多数情况下并不令人愉快。那些有欲望的人不苟言笑也不翻跟头，而怀揣希望的人可能就不同了。这是因为，前者是失意落魄的，后者却不然，除非他们的希望落空。

路德维希·维特根斯坦（Ludwig Wittgenstein）的观点是，希望的暂时性结构牵涉于语言。"人们可以想象一只动物愤怒、害怕、不高兴、快乐、受到了惊吓，"他写道，"但是满怀希望的样子呢？为什么不能？"[30] 他说，只需要指出它具备语言能力就够了。一只狗，或会模糊地期待它的主人回家，但却不能期望他在某一天的特定时刻回家，因为作为没有语言能力的动物，它缺少（比方说）对星期三或三点钟的概念。自此看来，只有掌握了语言的人才能够去希望，是语言打开了广大未来的可能性。斐洛（Philo）写道，希望是介乎人类和其他动物之间最为重要的差别，但这也取决于愿望的大小。无可否认，我们不能说一只狗私下有着解决以色列—巴勒斯坦冲突或者想和斯嘉丽·约翰逊共进烛光晚餐的愿望，但肯定可以说它希望有人扔过来一个骨头。虽然它不能期望他的主人在三点钟回家，但我们蛮可以假定它能感觉到一种热切的期望，想再次去蹭主人的脸。维特根斯坦不喜欢狗，也可能因此低估了它们的潜力。[31] 比维特根斯坦更喜欢狗的阿奎那相信，和其他动物一样，狗也是能够希望的。[32]

对希望的普遍关注，密切相关于现时代的历史主义。在从囿于传统到指向未来、从无时间性的形而上学真理向历史开放性的转变中，它是一个关键的讯号。这至少是马丁·路德的观点。他认为，"哲学家将目光锁定在当下之物，而且只反思它们的性质和本质。但使徒（保罗）却把我们的凝视从对在场之物的沉思中带离，并将这目光指向它们的未来。他并不宣讲造物的本质或存在方式……而是采用了一种新奇的神学术语并谈及造物的期望。"[33] 现代性的问题，就在于把当下在其未来的光照下，于是也在其潜在的对立面的光照下加以考量。本质，现在就意味着期望。在线性进化的逆转中决定了一个现象的东西，是那种将其折向迄今仍未实现之物的内在形式。借用本雅明式的倒置来说，是其未来决定了它的当下。而且，正因为这一重大的真理是使徒保罗所宣告的,我们尽可以认为现代性要惊人地退回到久远之前了。

路德之后,尤尔根·莫特曼(Jürgen Moltmann)观察到,对古希腊人而言,真理是确实而永恒的,而在古希伯来人看来,真理却存在于神的承诺和其历史救赎之间的张力中。[34] 他写道,"基督教自始至终都是来世论,是希望,是前瞻和前行的,也因此革命性地改造着现实。"[35] 沃尔夫哈特·潘能伯格(Wolfhart Pannenberg)声称,在犹太教的经典中,所有的存在都被理解为朝向于未来。含有"和当下相关的未来之本体论优越性"的末世论,在他眼里不过是犹太基督教的核心范畴。"上帝是尚未,"他写道,"但也是有待。"[36] 诚然,这种对于未来的偏好,是现代思想始终如一的特点。保罗·利科认为黑格尔的著作是"一种哲学的余烬",不同于康德有关历史的愿景,它有违希望的观念。[37] 尼古拉斯·博伊尔(Nicholas Boyle)同样也认为,黑格尔对未来没有真正的哲学关切。[38]

人们很容易将希望视为情感或体验。亚里士多德在《修辞学》中写道,它含有对未来对象的一种令人愉悦的感受,就像记忆之于某些往事一样。[39] 约翰·洛克(John Locke)认为,希望是我们在期待某种未来的欢愉时所体验的"心中的愉悦"。[40] 恩斯特·布洛赫有时似乎认为希望是一种情绪或情感,勒内·笛卡尔(René Descarts)和大卫·休谟(David Hume)也是如此。对休谟来说,它居于恐惧、悲伤、欣喜、嫌恶等种种最为主要的情感之中，并在人们期盼那尚不确定但并非不可能的愉悦时涌现出来。[41] 但事实上，和愤怒或恐惧不同，关联于希望的，并没有典型的情感、症状、感觉或行为模式。这部分是因为它是欲望的一种；欲望虽是一种体验，却没有明确的感觉或情感与其相关。[42] 没有特殊的感受，我们也能够希望，期待亦然。那个在"期待"的女人，并不是在一天的所有时间里都焦急地期待她即将出生的孩子。维特根斯坦指出，许诺和意向也不是体验。我们还可以补充说，信念也不是体验，与其说它是一种感觉，不如说它和希望一样是一种倾向。如维特根斯坦设法去论证的那样，我们总是错谬地把倾向或社会实践当成了情感状态。比方说，许下一个诺言，同时私下决意去违背它，却仍不失为许下了诺言，因为许诺是一种社会化的动作，而非心理行为。就算你在结婚的时候暗自从典礼中游离，还是得到了另一半。说某人打算下周去会见威廉王子，不是在报道一种心理状态，而是在描述一种情境。这样的意向可能含有情感（惧怕、恐慌、厌恶，诸如此类），但也可以没有，即便有情感蕴于其中，也不是为情感所限定的。

希望也是如此，虽然它可能被急切、兴奋或期盼等情感状态所遮蔽。斯坦·凡·霍夫特指出，"他对成功不抱有希望"这句话的意思非常清楚明白，即便当事人相信自己确有希望。我们在此所说的是一种情境，而不是内在的信念。[43] 满怀希望地表达，就是按照一定的方式使用语词，而不是赋予它们特定的情感。即便我们在劝慰他人的时候，内心除了荒凉的空虚感一无所觉，希望的言语仍是希望的言语。一般地，我们说希望下周去看一个朋友，并不表明自己就是特定情感的主体。宣称希望不再有童工，这更像是一种政治性的声明，而非心理陈述。如杰恩·沃特沃斯（Jayne M. Waterworth）不无挖苦地所说的，"一个希望她的丈夫或孩子归来的女人，其情感状态并不会持续太久，不会是两个星期、几个月或几年。"[44] 在看到她丈夫的那一刻，她的希望就像一阵刺痛的平息那样骤然终止了吗？抑或在褪去之前逗留了片刻？难道这希望就像腹痛，在她熟睡的时候依然存在？如果希望更是一种倾向，而不是情感，我们的确可以说某个人在熟睡的时候也满怀希望。[45] 假设你足够冷酷，用刀捅进他的胸膛，问他是否希望世界和平，而他咕哝地回应说"是的"，可以说如此一来就解决了所有的麻烦。我们或许会发觉，哪怕对希望没有任何感觉，它仍是真实的。事实上，即便有彻底的自杀念头，我们也会承认希望仍有理性的根基，就如气质性的开朗有时会承认某些处境是无可挽回的一样。

据说，当牛津哲学家吉尔伯特·赖尔（Gilbert Ryle）被一个同事问到何时可以希望见到他的下一部大作的时候，如此回答说："你想什么时候希望都可以。"这是一种典型的台面话。毫无疑问，赖尔以一种温雅的恶意风格引人注意到了语法的歧义性，也借此含蓄地责备了同事的失礼。"我们何时可以希望看到您的新书？"意思当然是"我们何时能有幸看到它？"，而不是

"在哪个确切的时间我们才能开始希望它的出现"。但是，赖尔也可能是在玩味某种即兴的哲学。也许，通过戏谑地将希望曲解为一桩自愿的事（实际上，我们不能在任何时候都随己所愿地去希望），曲解为我们多少能够准确地把握其发生的一种感觉，他是在指出希望的本质。"你希望有什么成就？"所要求的是对一个计划的描述，而不是对主观状况的报告。此中之关键在于情境之中所蕴含的意向性结构。我们会误以为怀有真正的希望，但对自己是否深感悲痛却不可能弄错。例如，我们或许会发现，虽然希望戏剧性地破灭了，自己却没有一丝沮丧，因为希望的目标要么微不足道，要么遥不可及，而我们一直以来对此都无知无觉。或者，你之所以希望，是因为心想着自己被寄予了如此的期望。

将希望称为美德，意在表明它更是一种气质，而非体验。阿奎那把神学方面的希望描述为"一种精神的气质"，虽然他将希望和一般意义上的希望——与主要情感中的恐惧、悲伤和欢乐同列——作比。[46] 约翰·斯图尔特·密尔以苏格兰童子军的腔调说，这种美德是一种气质，它"刺激人的潜能，并将所有的积极能量保持在良好的秩序中"[47]。笛卡尔也把希望看作坚信所欲求之事能够达成的精神气质。和所有美德一样，它是后天习得的以特定方式去思考、感觉和行动的习惯。希望必定属于一种生活形式，而不简单是一次性的事项。有耐心和拥有忍耐的美德之间是有差别的。某个在其生命中只清醒过一次的人，不能自称有节制的美德。此外，种种习惯和能力也不是体验。一个习惯了满怀希望的人，首先就不能享受特定感觉，而是以自己的行动倾向对未来做出断然的回应。照此而言，他（她）更像乐观主义者；但实践希望的美德并不必然要假设万事如意的乐观主义。当然，前景黯淡的时候，要坚持一己的希望就需要更多的美德。而且，怀揣希望的人必须瞥见潜在的灾难深渊，乐观主义者却通常不愿这么做。他们还必须能够给出希望的根据（比如对人性的一般信念），但变幻无常的乐观主义者就感到没有必要为自己乐天的本性做辩护，并确实能够理性地做到这一点。

如果希望只是一种情感的话，那就算不上美德了，奥古斯丁和阿奎那都这么认为。你会因美德而受到赞誉，但拥有情感（至少对于自发的情感而言）就另当别论了。那些为了体验宽恕感而付出辛苦努力的人可以为自己感到自豪，然而本能的怜悯，无论能造就多少道德上的善，其本身却不是道德上的成就，因为它根本就不是一种成就。希望可由实践和自律得到培植，所以它更是一种优点。希望必须是习得的，就此而言，恩斯特·布洛赫站在了正确的立场。无论其他，将希望称为美德，就是宣称它有益于人类的福祉。基于这种理论，我们应当满怀希望，因为它是自我实现的题中之义。至少在希望是合情合理的时候，我们应当希望，而不是腋下藏刀或对他人的成就嫉妒不已。希望并不是一种选项或主观的一时兴起。有些评论者拒斥这种看法，理由是希望是欲望之一种，而欲望一般而言并不为我们所控制。通常情况下，我们并不能选择一己所愿。在其根本处，这三种神学的美德的确都不是意志的问题。或许，那些反对我们应当去希望的人，低估了希望可被主动培植的程度。纵然希望是一种义务，也不意味着我们要以永远的欢欣鼓舞为己任，或者可以在毫无意义的情况下去希望。诚然，无论情境如何惨淡，基督徒们总会习惯性地满怀希望。然而，他们之所以认为这样做是理性的，是缘于耶稣复活的承诺。

值得指出，希望这种美德包含了一系列值得认可的品质：耐心、信任、勇气、韧性、达观、克制、毅力、坚忍，诸如此类。路德将其定义为"精神性的勇气"。[48]哲学家阿兰·巴迪欧主要从耐心和毅力的角度将希望视为"坚韧和顽强之原则"。[49]它是"对忠诚的忠诚"，在经历了最为棘手和动荡的事件后仍能坚守信念。相比之下，气质型的乐观主义对于大多数和希望有着典型关联的美德而言却一无是处，既是自然而生，似乎就没有必要去培植这样的道德习性了。

如我们上述所为，可以大体上区分希望和欲望，并承认前者在广义上是后者的一种样态。大致讲来，除了欲望，希望之中还有期待。我们可以没有欲望地期待，却不能抛开欲望去希望。你可以希望值得称道却让人厌恶的事（比如，最优秀的选手会获胜，但这选手明显不是你），或者既使人感到满足又令人不快的事（比如，因自己的罪过受到惩罚），但是没有欲求就无所谓希望。绝望否定的是希望，而非欲望：如杰恩·沃特沃斯所指出，身处绝望的人会渴望放弃此生，以去和死去的伴侣重逢。我们已经看到，虽然希望处于我们标识为理性的欲望之列，但并不等于说它总是良性和合法的。和纯粹的欲望不同，它是一种在道德上被改良了的欲望，但这也并不表明它有着道德一词的正面意涵。你可以希望所有七岁以下的人都从地球上消失，或者那些恶意攻击你的书的人烂在地狱里。我们希求那些让自己感到欲望的事物，然而这一事实并不必然意味着后者本身就是值得拥有的，甚至我们自己相信它是值得拥有的。我们可能认识到自己的希望毫无意义或者有害无益，但却一仍希望。

上述观点颇值得强调，因为有一种普遍的错觉，认为希望本身无论如何都是可贵的。它是一种带有欺骗性的积极的词语，一如"家庭"、"想象力"或"未来"。但是，阿奎那提醒我们，错谬和恶毒的渴望同样存在，在这一点上恩斯特·布洛赫或许更为心知肚明。谁又能说戈多的到来不会是一个灾难呢？英国国歌如是唱出了它的希望：君主之敌将遭挫败——对于一个所谓的基督教国家而言，这的确是一种古怪的情愫。也许，我们之所以直觉地认为希望是积极的，原因之一就在于它涉及想象力，而可敬的浪漫主义传统把想象力看作一种毋庸置疑的善。但在想象力的运用方面，既有健全的，也有恶毒的。种族屠戮就需要足够高明地运用想象力。

希望和欲望都能够被整饰和培植，学会将客观之善作为其目的；两者都需要理性的干预。霍布斯和休谟都认为，理性不止在涉及如何实现自己的希望或欲望时才介入其中；无论多么微暗，它必须自一开始就在场。修昔底德（Thucydides）将希望和理性对峙起来，但两者之间过于鲜明的对立无疑是一个错误。[50]"有什么希望吗？"意思是"希望是不是合理的？"就其状态牵涉于观念而言，欲望大多是认知性的。诚然，你可以感到一种莫名的渴望，就如你会感到畏惧，但却浑然不知自己所畏惧为何；然而，对于不能描述的事情，你却不能够热望。这并不是要否定认知性内容较少的欲望（比如，想打哈欠）的存在，或否认存在着其他的（对后者而言前述观点有失正确）欲望形式（比如，想去拜访很多在监狱服刑的银行家）。类似地，希望可能流于完全平庸，比如希望自己不在别人的葬礼上打喷嚏；它也能具有很高的认知性，以一定的方式牵涉于知识、信念和理解力，而恶心和莫名的暴躁则不然。

恩斯特·布洛赫所说的"已知的希望"（docta spes）正是此意。这种类型的希望不单是愿望或心血来潮，更是一种道德取向。布洛赫在《希望的原理》中写道，没有希望，理性就无从发展；缺失了理性，希望也不能繁荣。或许，比起其他类型的欲望来，希望和欲望之间有着更深的牵系。因为，如我们所见，它的目的必须切实可行，而这种可行性就可能需要好的判断力。我们同样看到，在对当下和未来富于想象力的明确表达上，在当下和未来之间富于想象力的接合的意义上，希望含有一种标绘或计划，而这一点也有其理性的方面。婴儿会有被喂食的欲望，却不能希望被喂食。丹尼斯·特纳写到"那种通过把有着理性关联的欲求多次复杂地交叠而将愿望贯穿起来的力量"，阿奎那将之称为"意愿"（voluntas）。和当代毫无生气的典型的唯意志论相比，它代表了一种更为丰富的意志概念。[51] 我们也可以通过这样的语词去描述希望。

如果希望包含着理性，我们又当如何看待安东尼奥·葛兰西（Antonio Gramsci）那著名的政治口号"智性的悲观主义，意志的乐观主义"？这句格言是在警告政治左派，莫让它对所遭遇难题的明眼估量削弱了自己的决心。但话说回来，认知失调真的就是最好的策略了吗？这两种能力就那么容易解离吗？无疑，它们会在某种程度上分离。比方说，你虽有可能认为事态会好转，却并不希望如此，这多少和葛兰西的观念相冲突。大体而论，如果意志要成就建设性的行动，就必须有理性的判断，葛兰西很明白这一点。然而，他在重压之下的呐喊，却有陷于唯意志主义、甚至冒险主义的危险，或最终被证明毫无可能。即使你认为现状了无希望，也可以积极地行动，但却不能满怀希望地行动。

希望可以是一个高尚而诚挚的词，但同样可以是一桩世俗而平凡的事。沃特沃斯说，"在宽泛的意义上，希望恰是被构建在媒介的结构之中的。"[52] 我们并不是通过探究某人的内在生活才能够知道她怀有希望,而是通过观察她在做什么。从她打碎厨房窗户的方式,就能明白原来她是弄丢了钥匙,希望进到屋里去。在人类的存在中,低级的、有欠考虑的希望比比皆是,单调乏味的想象力亦然。除非人们基于过往的经验而对自己达到目的的极高可能性有着微弱的预感,否则是不会把玻璃杯举到嘴边。正是在此意义上,希望可以被描述为"人类存在的基础性存在结构"[53]。

然而,对一些评论者而言,存在着具有更绝对形式的希望,它们远高于寻常的愿望。在《人类旅客》(*Homo Viator*)中,老资格基督教存在主义哲学家加布里埃尔·马塞尔声称,希望"难免倾向于去超越它自开始好似附着于其上的具体目标"[54],在精神分析的意义上,这赋予了它与欲望的亲和力。同样地,欲望也是一种超越的样态,它是绝对之物的世俗化版本,像全能的神那样无家可归、超脱于尘世。精神分析理论认为,在所有特殊的欲求之中都贯穿着一种看似完全不及物的根本渴望,它永远不能被平息。对基督教而言,这种深层的、无条件的渴望,代表了人类被导向其造物主的路途,只有在祂那里安息,他们才会发现自己的完满。在他们的存在结构中,有祂在场的踪迹,这正是所有具体欲求的潜在意涵。"我们所有自然的希望,"神学家约瑟夫·皮珀(Josef Pieper)写道,"都朝向于实现,这实现一如永恒生命的模糊映射和预兆,像是对后者无知无觉的准备。"[55]我们稍后将看到,相比于这种使徒圣保罗式的愿景,恩斯特·布洛赫的哲学更代表了一种世俗版本。他的一位评论者写道，布洛赫"是关乎具体希望中的绝对或完全希望的前显现的历史学家"[56]。

如果说最微不足道的希望暗自被乌托邦式的冲动赋予了生力，那么就可以说，最平庸的欲望在其核心处也隐藏着一定的崇高。精神分析从宗教信仰那里继承了无条件欲望的概念，但祛除了它超越的对象，并由此将喜剧性的基督教信念转化成了一种可被视为悲剧的愿景。现在，我们所对之许诺忠诚的不再是上帝，而是对上帝坚定不移的欲望（用拉康的术语说，就是对实在界的欲望）。这种欲望可以像任何神性那般绝对、难以调和。就此而言，对上帝的渴望，假设了一些在传统意义上塑造了祂的特质。马塞尔认为，绝对的希望是一种无限的无条件的能力，它超乎所有的具体对象，只在受制于表象时才被贬低。"希望，"马塞尔写道，"在于断言存在的核心处有一种神秘的原则，它超越所有的数据，超越所有的明细和计算，和我是同谋。"[57]但很难看出，这和希望好的天气或利率变化的日常情感之间有什么关联。

马塞尔所谓的绝对希望并非基于经验，也的确没有把经验考虑在内，而是升起于所有具体愿望的废墟。它蔑视所有理性的算计，对自身不设任何的限制或条件，保有不可动摇的信念，并且对所有的失望免疫，存活于"彻底形而上的安全区"（第48页）。就这一点而论，它代表了一种对历史的回绝，而非无畏的开敞。因为它和物质条件无涉，而且从不会破灭，所以很难看出它和病态的乐观主义之间有何差别。这种希望，连同它必胜的腔调，听起来更近乎舒适甚至傲慢。

如此说来，《人类旅客》出自法国在被纳粹占领期间的一位爱国知识分子之手，就毫不奇怪了。那时，民众的希望很容易衰落成单纯的痴心妄想或不屈不挠的迷梦。马塞尔断言，不相信法国终有一天会得到解放是不可能的。他强调，人们必须"全然不顾意志和知识"（第67页）去希望。于是，在信念的领域中，这种希望就和自然神学的希望等量齐观了。马塞尔认为，"希望和理性的谋虑，本质上是不同的"（第65页）。理性，作为工具性的合理性，和希望这种令人敬畏的美德之间可以不存在关联。因为它与经验隔绝，所以不会气馁。绝对的希望，对于马塞尔来说，意味着一种确实性。它不仅代表了对历史的拒斥，还否认了悲剧，非但没有在悲剧中溶散，反倒冷静地凌驾于其上。马塞尔写道，如果一位母亲相信她的儿子还活着，即便当他人都知道她的儿子已经死了，她的希望就"超越了客观的评判"（第66页）。那种认为就长远来看告诉她事实真相是更善良的观点，在此无疑是一种对处境的不光彩的屈服。《人类旅客》在这些章段中所真正要表达的，是作为意识形态的希望。它是一种类似于宗教的使人振奋起来的方式，对所有的抗辩都堂皇地无动于衷。正如没有真正的信念不会向怀疑敞开一样，毫不动摇的希望看起来太像是确定的知识，而根本不能扮演希望的角色。这并不是在恐惧和战栗之中怀有的信念或希望,并不像十字架上的耶稣对其天父的恸哭那么严肃。

马塞尔对具体或限定性的希望概念持谨慎态度,因为它的经验主义风格过于枯燥了。这就像后期德里达所持的弥赛亚主义,如果弥赛亚真的以那令人厌倦的决定性而降临的话,他定会惊慌失措。这是那些不需要任何真实救赎的人的特有观点。对他们而言,希望作为对无所谓之物的无限期开放的期许,才多少有其吸引力。希望如不被摧毁,就必须保持内容的空洞。唯一不会令我们失望的救世主,是从不会出现的那一位。

纳粹终将溃败,为了维持这一信心,马塞尔必须要培植一种始终不渝、无法改变的希望,因为它无关乎具体,才可幸免于所有的困惑。在那般绝望的年代,希望唯一可行的形式必须是不具名的。安德鲁·本杰明同样也写道,"希望之时间将变为开敞——一种富于张力的当下——使当下保持为永久的开敞,永远作为那无可调和之物。"[58] 此中语法的微妙映照出了思想的烟幕。开敞性和不可调和性是无条件的善吗?它们是否被提拟为绝对的价值了?向未来的奴役开敞,还是与非种族主义势不两立?犹太教原初的应许并不是这么含糊的。它向穷苦之人应许正义,向受压迫者应许自由。在本杰明这样的后结构主义思想家看来,这般决定性的愿景可能是令人厌恶的。他对自己所谓的"有成就的政策与实践"[59] 抱有警惕,虽然那些需要切实的建议去改善自身处境的人对此会持有不同的看法。

即便如此，仍有一种不确定的希望，它没有模糊到空洞的地步。马塞尔正是将它称为根本的希望，而非绝对的希望。这样的希望承认失败和受挫的现实，但拒绝在它们面前屈服，并保持着一种未被指明的、无目的性的对未来的开敞。[60] 圣保罗说希望"甚至抵达了那死后的世界"，意思是我们所希望的事对我们是隐而不显的。这并不是德里达纯粹为开敞之故所说的开敞，因为我们能够讲清楚它的一些内容。保罗的希望的对象虽然难以捉摸，但他至少能赋予其上帝之名。尽管如此，他还有言，基督徒永远不能对自己之所希冀给出明确的解释。说来也奇怪，如我们将会看到的那样，希望本身虽是确定的，但其对象却晦暗不明。恩斯特·布洛赫同样认为，我们之所希望对自己而言是彻底的未知。《希伯来书》说，在信念中被唤起的亚伯拉罕"不知道他要去何方"，这就以圣保罗的方式将确定性和模糊暧昧结合了起来。类似地，康德在《单纯理性限度内的宗教》中也写到一种人，"他不知道自己的希望将如何实现，但仍持有信念"[61]。信念是不可动摇的，但达成的方式却不然。怀疑自己的希望是否能实现（如短语"希望如此"，带有不言而喻的"但我并不确定"），不同于超出自己理解力而自信地献身于未来。莱布尼茨谈到过一种不善言辞的知识：我们有知却又不知，或者知其可能，却不知其实际。人们不无宽慰地注意到，美国前国防部长唐纳德·拉姆斯菲尔德（Donald Rumsfeld）就其那句有名的"已知的未知"而言，是一个忠实的莱布尼茨主义者，虽然对他来说事实几乎肯定是未知的。[62] 这类似于保罗关于信念和希望的观念。如果我们确切地知道自己在谈到一种不同的未来时所希望的是什么，它不见得会与我们当下周身的事物相去甚远，从而也没有那么的不同。或许，当我们希望的目标最终被揭去面纱，我们才会知道自己所希望的是什么，因为在精神分析的意义上，我们的欲求是受到引导的。[63]

T. S. 艾略特在《四个四重奏》（Four Quartets）中写到那种除祛希望的等待，唯恐所希望之事是错谬的。这种观念近于海德格尔的"泰然任之"（Gelassenheit）概念，或马塞尔的"主动等待"的观念。借此，我们抛弃了在面向世界那可能样态的脆弱的敞开性时所做的任何紧张的规划或者确定的目标。这种不确定性和一种可贵的被动性紧密相关。艾略特的诗句可以摒弃希望，但它们仍旧付诸某种平庸的等待。现实黯淡了，可能性进而被照亮，一如约翰·济慈的《夜莺颂》中这些宜人的诗句：

> 我看不出什么花儿在我脚旁，
> 什么清香的花挂在枝头上，
> 在馥郁的夜晚，我只能猜想
> 这个时令该把哪种芬芳
> 赋予这香草、灌木和野果树，

> 这白枳花,和田园的蔷薇;
>
> 这被绿叶遮蔽的易谢的紫罗兰;
>
> 还有五月中旬的娇宠,缀满了露酒的麝香蔷薇,
>
> 它成了夏夜蚊蚋嗡萦的港湾。

D. H. 劳伦斯(布洛赫一本正经地称他为"生殖器宠儿")也很喜欢这种虔诚的感受性立场,拒绝把自身的目的和兴趣强加给世界,但做好了准备——像济慈式的消极感受力的信条一样——在黑暗和模棱两可中等待某种无法被标绘的新生活的涌动,而不焦虑地去希求本体论的安全感。对劳伦斯而言,自我不是我们能够掌控的。它是一种展现自身怪异逻辑的过程,以其悦人的方式向前进化。如果说勇气是一种主动的美德,那么自我的大胆放纵就是在微妙的矛盾状态中生活。《恋爱中的女人》(*Women in Love*)里的鲁伯特·伯金(Rupert Birkin)准备放弃一切,他坚信某种全新而壮丽的天命即将在其废墟上浮现。在《虹》(*The Rainbow*)的末尾处,厄休拉·布兰文(Ursula Brangwen)在这种富饶而哀伤的处境中找见了自己。埃里克·弗洛姆(Eric Fromm)写道,"希望意味着每时每刻都准备好去接迎那尚未发生的事,而且即便它在我们有生之年都没有发生,也不会变得绝望。"[64]

在《希望的原理》中,布洛赫同样相信自我不是一种所有物。在他看来,当下是流变的、不可解读的,是一种避开了概

念的剩余，在此意义上也是对未来朦胧的预示。我们无能把握不可穿透的当下或打开自我之谜，并在这种无能之中期待着未来。如果我们真的能够"啃咬至白日的核心"（借用爱德华·托马斯［Edward Thomas］那耐人寻味的表达来说），就无疑会在永恒的在场中——而不是在未来的在场中——找见自身。或许，违逆时间之专制的闲暇，就是我们最接近永恒的方式之一。依布洛赫之见，"现在"只能被度过，而不能被把握，正是在这种被感受到的不透明度之中——体验和概念之间的裂隙——未来那模糊的轮廓才得以辨识。弗雷德里克·詹姆逊在普鲁斯特那里发现了一种类似的裂隙。对后者而言，如果要把"历事"（Erlebnis）转化为"经验"（Erfahrung），使体验像初次被经历那般，当下的原始素材就必须在安宁中借艺术和语言被回忆捡拾。[65]

或许，严格讲来，劳伦斯式的灵魂之暗夜更关乎信念，而非希望。然而，大多数情况下，希望却是信念的将来时，正如费尔巴哈（Feuerbach）所谓"关乎未来的信念"[66]；而且，如果人们能够以此方式警惕那无可预见之事的发生——这是一个信念的问题，那是因为他们相信确有如此鲜活的生命的萌动——这是关乎希望的。这两种美德紧密地交织在一起，而且都在仁爱那里有其基础。正是对被爱的确信使人们甘愿承担信念的风险，这信念在直面未来的过程中与希望融为一体。[67]

神学家卡尔·拉纳将希望视为对自我的彻底抛弃，在此献身中，人们承认希望超越了自身的驾驭和思虑能力。从这个意义上讲，希望也类似于信念，而且像信念那样对泰然自若的道德提出了挑战。它使人们得以进入无法预料的境遇，使熟悉的事体屈从于未知。它是那种劳伦斯所谓的"突入意识中的无尽冒险"。如雷蒙德·威廉斯在《文化与社会，1780—1950》(*Culture and Society, 1780—1950*)中评述的那样："我们不得不依照共同的决定，去筹划可被筹划之事。但是文化概念的重点正确地提示我们，文化在本质上是不可被筹划的。我们必须确保生存的手段，以及群体的手段。但这些手段将达至何处，我们却无从知晓，也无以言表。"[68] 过去可被把握为已经实现的现实，未来则只能在被建构的变动中得到把握。顺带一提，威廉斯和神学家们一样理所当然地认为，希望首先不是对一己的希望，而是对我们的希望。

拉纳认为，在希望所包含的自我摒弃中，隐含着一种政治。通过培植信念，希望使我们"不断地试图从当下逋离，走向未来"[69]。"使世界的结构屈从于持续不断的重新估价和批判，"他写道，"是基督教希望的具体形式之一。就如对不可预料和掌控之物作出自我承诺的勇气一样，它必须永远不坚执于任何世俗的生活，好像没有了希望，人就会被径直投入绝对的空虚。"[70] 希望剥夺了所有的时代，使其虚假的外观看起来好似绝对的未来。对拉纳而言，绝对的未来（上帝的国度）确实存在，但其作用只在于祛除其他期望的迷魅，并一道免除我们对已成之事的痴迷。所以,希望是一种永久的革命,它的敌人除了政治上的志得意满之外,还有形而上学的绝望。因为在原则上没有尽头,它拒绝崇拜任何具体的设定——虽不是说也拒绝对它们做出评判。如尤尔根·莫特曼所言,希望使我们和当下处于激烈的无可调解的状态,并由此扮演了一种历史破坏者的角色。[71] 相比之下,更偏向保守派的神学家约翰·麦奎利(John Macquarrie)对面向未来的希望却保持着警觉,理由是它可能会鼓舞"不切实际的乌托邦式的希望"[72]。即便有这位本该信仰大复活的人奇怪地对乌托邦式的希望表示怀疑,太多对于未来的信口开河还是宽慰了政治上的左派。

如果说希望有消极的方面,其反面也不会像纯粹的自我决断那样令人绝望。当我们能够自主自为的时候,还需要希望吗?古代的斯多葛派力求实践对自身完全的控制,认为希望中既有依从又有不完整性,所以对它抱持怀疑。《李尔王》(*King Lear*)通篇都是关于世故老练、耐心和坚忍,反而像麦克白和科里奥兰纳斯那样的自我缔造者,将所有的依从视作卑贱而加以拒斥。莎士比亚笔下的反派们,通常都不照章行事。相比之下,希望却把我们带回到那拒绝我们支配的事体上。"我希望去这么做",言外之意是承认自身力量的限度。就此而言,希望和谦卑紧密相关。"我们须牢记,"伊壁鸠鲁(Epicurus)写道,"未来既不全属于我们,也非全然不属于我们,所以我们既不必指望它确实能够到来,也不必绝望,好像它肯定不会实现似的。"[73] 那些因放纵的罪过感到愧疚的人，想方设法去占有未来，但那些身处绝望的人却放弃了实现未来的所有努力。如果说希望标明了人类力量的限度，这部分是因为它终究不是一个关乎意志的问题。正如我们对欲望没有选择权，对希望大体上也是如此。诚然，有些时候我们可以说服自己对特定问题保持积极的感受，就像人们会因为自己的希望不切实际、在道德层面无法被接受或者成就这些希望要付出太多辛劳而抑制自己的希望一样。人们也许会断定希望是鲁莽的，或者完全不值得。在此意义上，你可以决定是否去希望，这就像决定是否动怒，或者努力不让自己堕入爱河。可以说，伊曼努尔·康德的问题"我可以希望什么？"有这样一层意思：希望是由我们掌控的。然而，这种能力却有其限度。如同嫉妒或厌恶一样，希望并不是我们轻而易举就能开启或关闭的一种状态。

马塞尔的绝对希望或许是一种意识形态。但在更具暗示性的意义上，希望可以是无条件的。这种观点认为，虽然这样或那样的期愿会化作泡影，但对人性本身保持根本的信心一仍合乎理性。因为未来不可预见，所以某种难以估测的善会在适当的时机出现，甚至在接下来的二十四小时内出现，否认这样的可能性是轻率的。举例来说，想一想二十一世纪开头那非凡的十年吧。在世纪的转折点，在坚信西方将在冷战中获胜并对其相对而言仍旧强健的经济抱持必胜信念的氛围中，簇拥着大量的评论家。人们发现，他们在论证历史已经终结，划时代的事件不复再有，现状之外的宽宏路途不足为信，宏大的叙事也被冲刷殆尽，未来无疑会是当下的重复。正是在那个转折点，世贸中心轰然倒塌，所谓的反恐战争打响了，大金融风暴席卷了资本主义世界。一些独裁者被赶下台，大批人群起而反抗其统治者。并不是说这些事件必定会导致某些显著的进步。毋宁说，它们所上演的不是对历史赌局的笃信，而是马丁·路德眼中那种听信无时间性绝对命令的荒唐剧。如果无时间性的绝对命令对马丁·路德而言是形而上的，它在终结历史的商人们那里却是一种意识形态。相比之下，在贝托尔特·布莱希特（Bertolt Brecht）那里，变革的纯粹事实，甚或每况愈下的变革，都是绝望的预防药，因为如果历史可能会退步，那么它同样也能够进步。

当所有具体的希望都落空，人们还能指望的就是根本的希望了，就如在精神分析理论中抽去所有具体的需求后，剩下的只有欲望一样。因此，把这种希望和绝望区分开来并非易事。然而，绝对的绝望却不是去除这样或那样的希望，而是希望本身。的确，祁克果认为，所有的绝望都只在一定意义上是绝对的，更不用去承认这一事实是虚假的认识了。"他认为让自己绝望的是某种世俗之事，"他说，"但他的绝望却永无休止。"[74] 话说过来，就如存在着形而上学气质的绝望一样，无条件的希望形式也是存在的。如若泽·萨拉马戈在《里卡尔多·雷耶斯离世那年》（*The Year of the Death of Ricardo Reis*）中所写："希望，希望什么呢？希望，仅仅是希望，我们走到了除希望之外一无所有的境地，就是在那里我们发现希望就是一切。"在这部马塞尔风格的小说中，蕴含着一种纯粹的、不及物的希望，一种人们自身存在的基本偏斜或内在的倾向。它只在所有实际的期愿被剥夺之际才会完全呈现出来。

人们或许会说，这一论调虽说不上悲观，但却是一种悲剧性的论调。如果说悲剧和什么有关联，必定是那种人性被削伐殆尽时的幸存。无论其时所幸存为何，无论那拒绝妥协的是什么，都确实是能被指望的存在。到头来，据以变化的轴心并没有一丝偏移。如《麦克白》中的罗斯所说，"事到最坏处就会停下，或者攀升/至它们之前的样子"（第四幕，第一场）。在《希望与历史》（*Hope and History*）中，约瑟夫·皮珀如出一辙地提出，只在绝对绝望的可能性中，在拒斥人类存在本身的意义上，根本性的希望形式才会凸显其轮廓。只有那时，这种希望的纯粹本质才能彰显自身，超越所有具体的希望并完全洞察它们的虚弱。马塞尔写道："希望……只能扎根于毁灭的可能性。"[75] 这是它有别于乐观主义的方式之一。对后者而言，永劫不复简直是无法想象的。拿刀切向自己儿子喉咙的亚伯拉罕是有希望的，但我们却不会愿意把他描绘成一个乐观主义者。

基督教之所以将绝望视为罪恶，是因为它摒弃了救赎的长远可能性，而不是因为它断定种种特定的努力都显然难逃劫数。这种长久的绝望被看作道德上的缺陷，原因之一在于它可被视为对他人努力的背叛。它会暗示他们，那表面上的胜利是虚假的，失败才是命中注定，而如此就贬低了他们的勇气和达观。如此说来，人们是可以弃置特定的处境而与此同时对未来保有某种非具体化的希望的。马塞尔所说的根本的希望就是这个意思。这样的希望没有具体对象，更关乎广义上的精神的开敞——一个评论者将之称为"人们得以直面未来的一种基调或倾向……一种纯粹的坚定或无对象的期望"[76]。它不同于乐观主义，部分是因为它不单单是一种气质，部分在于它已准备好去面对自身毁灭的可能性。或许，正是这种根本的希望才使我们相信，即便身处灾难，生活仍是值得过的。它不过是一种坚持的愿望——不为了具体的什么，而是因为这样的坚持是希求或达至具体事体的前提。生命即便不是希望的充分条件，也是其必要条件。所以说，根本的或无条件的希望是一种形上之望（meta-hope），超越了我们所有更为具化的期愿的可能性。

当被朋友马克斯·布罗德问及世界之外可有什么我们熟知的希望时，据说卡夫卡如此回答：有的是，甚至无穷多——"但并不属于我们"。他的意思可能是，如我们所知，宇宙是上帝在休息日的不佳心境中创造的。如果祂那时的脾气没有那么糟的话，世间可能就会少去很多悲惨。他的意思也有可能是，在此时此刻，别的世界中的事远没有这么悲惨。因为和宇宙力量之间极小的错位，都会使人类错失救赎的可能。这使我们想到那神秘的犹太教信条——在弥赛亚降临之际，祂将通过做出一些细微的调整而转变一切。自一种意义上来说，卡夫卡的话使我们的处境看起来更为辛酸，因为希望的确可能有其余地；而在另一种意义上，通过暗示在很多的别处或许存在着希望，他的话倒缓和了那种怅然。"希望多的是，但不属于我们"，这句话可以作为契诃夫笔下的一些角色的座右铭。他们看向未来的幸福，但却知道自己与之无缘。

那些了结自己生命的人，人们通常会说他们身处绝望。但对此还要做更为细微的区分。对一些自杀的人而言，并不需要去深信存在本身毫无意义。相反，她可能会认为存在着种种希望的理由，只是这些期待并不属于她。或者，她虽看到了自己希望的根据，却感受不到它的存在。她或许认为自己的问题会消失，可却发现自己等不了那么久。让她去悉心静待更良性的转机，其中痛苦对她来说太难以忍受了。加布里埃尔·马塞尔把绝望说成一种急躁，但某人不再能等待或只是明显的现实问题。如此说来，自杀的行为并不必然包含对自身或对人类的绝对的绝望。这并不是要否认，在一些情境中，在对希望无条件的拒斥的意义上，绝对的绝望可能是完全理性的。屈从于这样的境况，通常会被认为是道德上的弱点，而在一些场合中却无疑是洞察力的总结陈词。如在治疗危重病人时，医生是可以理性地感到绝望的。

自杀是件关乎希望的事。你之所以自杀，是希望结束痛苦。我们甚至可以像政治哲学家约翰·格雷（John Gray）一样希望整个人类的灭亡。"现代人，"他写道，"只是很多物种之一，而且并不显然值得被保留。它或迟或早会遭灭绝。在它消失之后，地球将恢复如初。人类族群消失后很久，它所倾力破坏的物种仍将存在，还会有其他尚未出现的物种。地球会把人类遗忘。生命的演进仍将继续。"[77] 对基督教而言，希望最终延伸到了人类之外，但却不像格雷所认为的那样超出了人类物种本身。期望自身的不存在会给人带来平静（叔本华就这么认为），它含有一种冷静的自我弃绝，近乎美学。就此看来，最为珍贵的希望的样式存在于所有希望都变得不可能的情境，因为其中不再有什么能够作为希望的主题。这种情境并不必然昭示着绝望。相反，当人性幻灭时，生活才能回归其本真，将自身解放于暂时的阻障，以达至繁荣。劳伦斯（D. H. Lawrence）对此有相近的看法。

根本的希望坚执于一种无名的信念，它认为生活终归是值得过的。然而，它对此并不确信。如叔本华厚颜无耻所说的那样，世间有多不胜数的男人和女人，他们死去或比活着更好。抑或存在这样的情形（比方说，一个受到核污染的不毛之地，一个污染到无可挽回的星球），作为一个种族继续存活于世，非但得不到眷佑，反倒会历尽苦难。在那种活着并不明显比死去更可取的意义上，生命本身并无所谓珍贵。但那些长期活在凶恶的痛苦中的人们，不大可能会这么认为。并不是说哪里有生命，哪里就有希望，反过来讲倒是成立。被迫陷于苦难和毁灭的未来、对可行的出路不抱希望的人类，倒不如遏止这整个的霉运。在此情形下，至少在宗教的语境之外，根本希望的观念就会丧失其根基；虽然我们对此处境的捉摸不定——因为我们不能预见未来——对维系这样的希望是有帮助的。然而，我们稍后将明白，无望但不绝望是有可能的。

话说过来，绝望的真相和希望一样是一个棘手的问题。绝望不同于绝望的感受，因为（如 J. P. 戴[J. P. Day] 所指出）绝望常以宿命论的形式出现，而绝望的境地却常伴以狂乱的行为。绝望意味着对自身的处境听之任之，但在绝望的感受中，你却几乎愿意去做任何事。[78] 索伦·祁克果在其伟大的绝望现象学著作《致死的疾病》中，以那预示了后现代主义文化的语言描画了这样的情形。作为那个完成了将新教主义提升到具有哲学尊严的不可能任务的人，祁克果认为个体是上帝所召唤，去担负那成为自身的重任。这一任务包括在他（她）那深不可测的存在中以其独有的方式为自身奠基。要把握他对个体自我概念——在他看来既是凯旋又是恐惧——的惊奇之中的全部力量，并非易事。在此概念之中，有绝对的断言，即上帝自所有的永恒中塑造了我们每个人——祂的儿子为我受苦而死这一震撼心灵的事实，意含着我的人格如同宇宙自身那样不可被化约且自成一格，我为担负这完全独一无二的自我实体而踉跄地承受其可怕的、令人振奋的负担。在不可度量的整个宇宙时间的尺度中，这自我只会出现一次，而我，也只有我担负着实现天堂或地狱的责任。

身负如此艰巨的责任，难怪男人和女人们要由之逃向不那么崇高得令人生畏的身份，拒绝成为被永恒召唤的那个自我，而转向某种更令人愉悦的现成的存在样态了。这种自我塑造的主体因其真正的自我被占用而绝望——就是说，这自我在天堂等候着他们——反而选择种种具有空想、假定现成形式的身份，以一种祁克果称之为"虚构的"样态妄意地将自身带入存在之中，而后反复无常地消融于虚无。和后现代的主体一样，他们是握在自己手中的泥坯，沉醉于纯粹的可能性。这样的男人和女人渴望掌控自己；但因为自我已经挥发，他们就发现自己成了那不值得嫉妒的无国之君。在祁克果的眼中，这些男人和女人们所不能忍受的矛盾在于，真正的自主是基于对上帝的依赖——它类似于任何其他形式的被给予性或限制、确定性或必然性，但这些妄自尊大的自由精神只会被视为无法容忍的障碍。他们无法接受我们不属于自身这一事实，但任何真正的身份只有在此基础上才能被成就。附带提及，这一信念自身就足够驳斥任何将祁克果视为"存在主义者"的观点。

但深陷在此种困境中的个体，无法彻底逃避他们真正的或永恒的自我。在祁克果看来，这一事实导致了一种不同的绝望。因为他们想成为自己所不是的存在，终却以无所想望而终。他们希冀的是死亡；但在祁克果看来，死亡并非题中之义，因为自我的核心是永恒的。死亡在持信者是希望，在绝望者却是地狱。"（绝望的）无望之处在于，"祁克果写道，"甚至最后的希望——死亡，也荡然无存。"[79] 在被压迫到极致时，这种想被生活坑杀的迫切欲望，就会呈现出恶魔般的形态。那些愤怒于存在的纯粹事实、恶心于存在的丑闻的人的境况就是如此，他们由此而反抗托马斯·阿奎那眼中那种存在所固有的善。[80] 这些着魔的人是愤世嫉俗者和虚无主义者，对他们而言，意义这一概念本身就令人愤慨，它标志着价值的破产以及欺骗。他们对世界的满怀愠怒，表现得像心怀怨恨的婴儿，对父母不复抱有幻想。他们渴望毁灭，却也用心存活以便唾弃上帝并揭穿其荒谬无谓的造物——他们在其中当属最惹眼的例证了。

对于这种违逆的绝望，祁克果评论道，

> 它甚至不想反抗着将自身与那成就了它的权力［上帝］断绝；它渴望绝对的恶意将自身强加于这权力，对其胡搅蛮缠，出于恶意而依附于它……通过反抗所有的存在，它认为自己获得了针对存在以及存在之善的证据。身处绝望的人认为，他自己就是那证据，而这就是他想要达成的：这就是他想要成为自身、在其痛苦中成为自身的原因，为的是以此痛苦去抗议所有的存在。[81]

一言以蔽，安慰将会是被诅咒者的毁灭。正是那下流的、令人愉悦的恶毒,才使他们苟存于世。被命定者紧紧抓住他们的痛苦,一如孩子抓住那裹身的毯子。他们为自己的痛苦而狂喜,鄙视所有救赎的邀约,将其视为对自己精神尊严的侮辱。比起对虚无的恐惧来,他们更喜欢绝望的生活。就好似他们于死亡上的无能是自我核心处的虚空,这虚空在伪造的存在中将其支撑。使他们漂浮而不沉堕的,是疾病和自虐。

如果说有一种绝望是由对可能性的沉溺构成的,另一种则是出于对可能性的完全藐视。祁克果认为,在自我的核心处有实在的空洞——上帝在那里使人感受到祂的在场,而且直面这种令人生畏的深渊是达至希望的唯一路径。那些恐惧这种崇高虚空的人,总能凭靠庸众的虚假意识在其中找到安全的避难所。他说,"很少有人生活到任何精神范畴的层次。"[82] 大部分男人和女人都活在未经反思的即时性中,而对那些敏感自觉的少数人而言,这自我却又一头栽进无休止的危机里。庸众背弃了自我的危机和孤注一掷,不能冒险地突入作为信念的意识,却转而去听任俗成的社会道德。在精神的商品化中,每一个个体都被"打磨得如鹅卵石一般光滑,像流通领域的硬币一样被赋予了兑换的价值"[83]。这就是海德格尔(Heidegger)的"常人"(das Man)或萨特所谓"不道德的自由"(mauvaise foi)的领域,其中的男女极少自觉到他们应是去经历绝望的独一无二的主体。但在祁克果那里,绝望既可以是客观的境况,也可以是主观的处境。选择在即时性和幻想之中生活,就是选择被剥夺希望,而对事实的无知就是那种疾病的征兆。的确，这种意义上的绝望，在祁克果看来是一种大众化的现象，熟悉如雨水或阳光。有很多人认为自己心满意足，但事实上却处于绝境，正如人们可以相信自己身体健康，但实际却已病入膏肓。祁克果认为，仿佛地球上的大多数人都被一种无形的不安所折磨，他们对此毫无意识，而这尤其因为这不安假借了幸福的名义。

理论家们有一种共识，认为人们不能对确信会发生的抱有希望。[84] 正如唯信仰视角下的信念和知识，希望和知识看起来也好似相互排斥。"我希望如此"这句表达通常意含着不确定性，它比"我认为如此"的语气更弱，而后者又的确比"我知道"少了些许的强调。在斯宾诺莎（Spinoza）看来，希望总是和恐惧混杂在一起，这恰恰是因为它的对象是暧昧不清的。托马斯·哈代在《远离尘嚣》（*Far from the Madding Crowd*）中提到"信念堕为希望"，其意思大概是说，信念逊于知识，而希望比起信念来又是一种更脆弱的倾向。

诚然，"确信会发生"这种措辞是有问题的。在一个非确定性的宇宙中，不存在那种必将发生之事——无论我们如何选择都无可避免会发生。这就是为什么据说悉晓未来的上帝，也不知道下周一下午 6 点 27 分在达拉斯将会发生什么的原因——就是说不知道那时确定会发生什么。在一个开放性的世界中，不存在这样的知识对象；如果说上帝了解这个世界，也必定只是了解其当下所是，了解它的自由、自主性和偶然性。祂不会知道什么是必将发生的，正如祂不知道勃艮第葡萄酒的深褐色系或右翼系瓶子看起来会是如何。作为全知者，祂确切地知道下周一在达拉斯将偶然地发生什么，但这不可同日而语。我们稍后将明白，祂同样确切地知道自己的国将到临，但这和预知一场正在酝酿中的龙卷风或不久将至的金融风暴是不同的。

然而，甚至在"将会发生"这一表达的不那么执拗的意义上，确信什么将会发生是否就意味着我们不再能对其抱有希望，也不是明白无疑的。拿流行于十九世纪晚期的科学社会主义来说，它认为社会主义前途的到来是由特定的颠扑不破的历史规律决定的，因此是具有认知确定性的对象。这当然不意味着我们不再能寄望于那个前途了，就是说不再能急切地期盼它，对其到来感到焦躁不安，而且不能继续在怀疑中坚执这份确信。"即便状况看起来很糟，我仍保有自己的信念，相信它们定会实现"，这种表达把希望和一定程度的确信混同了起来。阿尔都塞学派可能会声称，即便我们能够在科学或理论的层面掌握某些知识，也仍然能站在意识形态的立场满怀希望。或许，就如我们可以为不可移易的过往感到懊悔一样，我们也能够对自己所认为必定会实现之物抱有希望。

基督徒们确信上帝国度的降临，但他们仍把对此抱有希望看作一种美德。不同于对"我希望如此"这一表达的寻常用法，他们将信念置于自己所确信会发生的事体上。在圣保罗看来，希望意味着耐心、喜乐且满怀信心地去等待弥赛亚的降临。莱布尼茨的希望建基于其宇宙论式的乐观主义,所以是不容置疑的。因为慈悲的神已经把一切置于仁慈的目的,所以希望就成了令人感到安宁的确信。在更为世俗的样式上,孔多塞(Condorcet)梦想着和平、平等以及完美人性的未来,但与此同时把这种社会秩序的实现看作事实的确定。[85] 相比之下,这一表达的日常使用却成就了如此确信的期望,就如"毫无疑问"(no doubt)已经变化了字面意思("毫无疑问,他把那件夹克擦洗了几遍,但血迹仍然清晰可辨"),"一定"(surely)也获得了一种疑问的而非权威的口吻("你一定不是在说他从未擦洗过那件夹克吧?")。哲学家阿兰·巴迪欧从确定性的角度谈到希望的无懈可击的神学正统性,也自信念的方面说到了信仰。[86] 他把握到了一点,即从神学的意义上说,信仰并不意味着"我相信如此,但我并不肯定"。他的巴黎同事让-吕克·南希(Jean-Luc Nancy)也这么认为。他写道:"信仰不是信念……信仰是信任,而且是最强意义上的信任,也就是说,是一种终究不能被解释和辩护的信任。但话说过来,所有的信任都在一定程度上得到了辩护,因为如果不是这样,那么我们信此而非彼就失去了理由……信仰就是对没有什么是确然的坚执。"[87]

《牛津英语词典》将希望定义为一种期望和欲求的感受,却没有讲到不确定性。《尼西亚信经》(The Nicene Creed)中唯一提及希望的地方——我们盼望死人复活,以及来世的生命(expecto resurrectionem mortuorum et vitam venturi saeculi）——也没有考虑到死者的复活和永生的可能性不会实现。动词 expecto 的意思是展望或留意，并没有潜在的疑惑不信。"我希望明天见到你"一般是说你盼望去这么做，而不是你对自己是否会这么做迟疑不决。

如果像雅克·德里达这样的哲学家不能接受上述观点，那是因为他只能把确定性看作科学的计算，就如后现代主义只能视其为独断论一样。如果人们不能指望将来，德里达在《马克思的幽灵》（*Specters of Marx*）中争辩道，希望就会沦为一种计算的、计划性的事体。但也没有理由因为同意实证主义者们具体化的理性就去恭维他们，如果只是为了继续拒斥它还说得过去。除了科学理性主义者们所提出的确定性的形式之外，它还有很多的形式：圣笃德（Bonaventure）站在"某种基于信任性而有的安全感"的角度论及希望，但不将之视为自明性的知识。[88] 的确，如保罗·利科所说，"我们不得不在希望和绝对的知识之间做出选择"[89]。但这并不是说，任何不能达至绝对知识的存在都必须屈从于怀疑主义。我们能够确定自己堕入了爱河，或者巴赫（Bach）是比利亚姆·加拉格尔（Liam Gallagher）更为出色的作曲家，再或者虐待婴儿并不是道德上最光彩的行为。德里达是一个纯粹的信仰主义者，他认为确信对信仰和希望都是有害的。但如果确定性让我们感到恐惧的话，那么信仰和确信只需处于势不两立的状况即可。尼古拉斯·拉什（Nicholas

Lash)指出，卡尔·波普尔（Karl Popper）在《历史主义的贫困》（*The Poverty of Historicism*）中错谬地把确定性视为科学的可预测性，进而将其局限于辩解而非阐释。[90] 相比之下，基督教教导，信仰虽次于完全的知识，却不失为确定性之一种。诚然，人们必须满足于对上帝的信仰，因为我们不能面对面地和祂遭遇。但这不同于把一种命题视为假设，只因它还不能得到科学的证实。亚伯拉罕对上帝的信仰并不在于认同了这样的理论——有一种至高无上的存在，即便这一断言的证据尚不确定。相信男人和女人们抵抗不公的能力，并不就意味着要假定这种能力存在。的确，我们可以接受它存在，却同时对其力度没有一丝信念。

在科学命题中，我们一般不会说到信仰和希望。这种类型的知识看似与二者都无关联，也无关于信任、承诺、欲望或确信。断言不存在已婚的单身汉，或者火山学家们再次对埃特纳火山的喷发预测成功，不会让任何人的身份成为问题。这些都不是会让我们身陷其中的危险处境。我们或许会把身家性命交给航空工程师，却不会把它送给亚述学家。如此一来就很容易想象，信仰或希望不同于科学的论证可能性，前者无非是试探性的猜测。信仰社会主义或女性主义的人，没有谁会犯这种错误，但很多社会主义者和女性主义者却是如此看待基督教的。哲学家 C. S. 皮尔士（C. S. Pierce）认为，获至知识的智性行为本身的过程就含有希望。在此意义上，希望是"逻辑的不可或缺的要求"之一。[91]

我们倾向于认为,那些身处绝望的人受制于一种确信,不管这确信是多么可悲或没有根据,而那些满怀希望的人却不然。即便如此,英国国教的葬礼仪式一仍说着"确而其实的"复活的希望。鲁道夫·布尔特曼(Rudolf Bultmann)和卡尔·海因里希·伦斯朵夫(Karl Heinrich Rengsdorf)也写到"充满信心的等待和深信不疑的希望"[92]。事实上,基督徒们之所以怀有希望,并不是因为未来是晦暗不明的,而是因为这未来建立在某种神秘莫测的基础上。耶和华是他们的希望之源,祂在希伯来圣经中以未来时标示了自身("我将成为我之所是"),是不会辜负众民的。这种意义上的希望,不是痴心妄想,而是喜乐的期望,在那种似乎难以为继的情形下尤其值得颂扬。它代表了简·奥斯丁(Jane Austen)在《劝导》(*Persuasion*)中所说的"一种对未来的愉悦的信心"。虽然《诗篇》允诺说希望不应惶恐;圣保罗却认为,它是不会欺骗我们的。一位托马斯·阿奎那的评论者如此描述他对希望的看法,说它含有一种远不同于轻率的乐观主义的"不可撼动的信心和充满生气的确信,一种不安分的焦急的期望、显著的活力与坚毅,以及对胜利的确定"[93]。为了使最后一句话听起来没有那么令人不快的自满,我们须记得,在基督教的信仰看来,傲慢和绝望一样是罪恶,是病态的乐观主义在神学上的等价物。它是这样一种信仰,信仰救赎最终是由上帝权掌，而上帝的道法却是神秘的，它允许信仰者不以必胜的信念去希望。必然的胜利，是恩典最终战胜了世间的恶力，而不是个人在天堂的宴会上获得了一己之席。

简言之，阿奎那谈及的是他所认为的耶稣复活后的历史那普遍而不可逆的趋向，而不是某个特殊个体的命运。就其本身而言，这种普泛的确信必须由怀疑和焦虑加以约束，因为没有人能作为一个自由的主体而仍被确保他（或她）的救赎。也许，爱和仁慈虽不乏缺，但却不是为着我们而存在。在狂妄之徒和进步主义者看来，我们不需要过分地搅扰自己就可获救，因为幸福的结局嵌刻在历史的规律之中。相反，保罗却会宣扬希望永不会欺骗，虽然他同样认为救赎必须努力而为。特伦托会议（The Council of Trent）的立场是，傲慢意味着以绝对而可靠的确定性将自身纳入被救赎之列，它是一种可能会引发精神倦怠的自大或堕落的安全（借用奥古斯丁的话来说）。这就是奥古斯丁缘何在评论《诗篇》的时候说，希望只给予谦卑的人。对基督教信仰而言，希望是基于上帝的爱和仁慈，它们的确是必然无疑的，是上帝之为上帝的题中之义。在此意义上，基督教比马克思主义更是决定论的信条。那些宗教的保守派们已经不再能看清这一点，他们嘲笑马克思主义，认为它可能过于坚执铁铸的历史规律了。不仅上帝的统治必将到来，而且在耶稣的复活中它已在原则上得到实现，人类正由此而活在最后的审判日。然而，即便历史的一切在根本上都是好的，这一事实并不就意味着其中的任何参与者在根本上都是好的,也不是说华尔街之狼会和羔羊相安同眠。

约瑟夫·皮珀认为傲慢是对希望的"欺骗性模仿",它没能认识到建构未来的艰巨性。对于那些马克思主义的决定论者和资产阶级的进步主义者而言,他们所设想的未来已被确保。一旦精神阶层得到救赎,就不会再有世界历史的发展。马克思主义认为,迄今为止所发生的一切只是"前历史"——完整历史的一种严峻的绪论。相比之下,他们却认为至关重要的事体都已经发生。在此意义上,傲慢并非和绝望相距甚远。类似地,后者也根除了改变的可能性。如皮珀所言,绝望的人的眼中唯有神圣的正义,傲慢的人却仅仅指望神的仁慈。二者都过早地丧失了赎回权,将历史凝固为不可变更的命运。自神学上来说,绝望搁置了上帝的国度必将到临这一事实,而傲慢却忘记了,没有自由的人类主体的劳动,上帝的国度也不会到临。这两种不同的观点,都以其不同的方式松弛了给予和创造之间的张力。

在一定意义上,希望既是述行语,又是祈愿语。对于努力将自身带至完成的欲望也是如此。对特定的未来抱持信心会有助于开创这未来,就如那些在身边亲切地寻找朋友的人,比那些粗鲁吝啬的人更有可能找见朋友一样。恩斯特·布洛赫认为,这种述行式的希望适用于政治革命,在更为世俗的事体中也显而易见。怀疑自己会从大病中恢复的人可能比那些不怀疑的人更容易屈从于疾病。不去表现得像希望真的存在，倒可能会确保希望的不存在。基于这种观点，希望不仅是一种对未来的预期，也是建构未来的积极力量。就像雪莱写在《解放了的普罗米修斯》(*Prometheus Unbound*) 中的，"希望，直至希望/自它的废墟创造/它所思忖的事"。这些诗句结合了悲剧式的希望观以及述行式的希望。

对阿奎那而言，希望不仅预期某种未来的善，还努力将其付诸实现。他认为，希望能帮助人们全神贯注地克服问题，它那宜人的特质也有益于更有效的行动。而且，这种令人愉悦的特质能让你坚持不懈地执行计划。基于此，希望和恐惧一样，都会促成自我实现。伊曼努尔·康德相信，没有人能不期望回报而行正义。他也把希望看作一种道德行为的强大动力，认为期望至高的善就意味着不得不尽全力去将之实现。在这一主题上，一位现代思想家将希望视为"对特定目的的愿望和实现的积极投身"，认为它更是一种实践，而非心理状态。[94]

当然，希望不是自行实现的预言，不是仅凭对它的渴望就能达到目标。阿奎那认为，这样一来就削弱了希望的困难度。那种认为只要足够努力去希望就能达成愿望的流行的美国式信念，属于唯意志论和理想主义的思想遗产，它们所专注的是不屈不挠的意志。出于押韵的必要，美国歌曲《厚望》(High Hopes) 把"厚望"和"高悬于天际的苹果派希望"(high apple pie in the sky hopes) 并置于一起，却不经意地漏出了马脚。因为迄今为止的科学还不能确证后一种现象的存在。可即便如此，能够想象不同的未来这一纯粹的行为，也会疏远于当下且使之相对化并放松后者对我们的管控，以致未来变得更有可能性了。这也是为何浪漫的想象和激进的政治之间存在牵系的原因之一。当这样的想象都不可想象的时候，就是真正的无望了。

然而，在纯粹的无望中却可能有真正的满足。此种无望不必有绝望的意味。相反，在治愈绝望上，它倒是最具效力的。斯多葛派的教义是，那些没有高翔的人也不会坠落。这样的启示晚见于托马斯·哈代的小说。他笔下的很多角色都遭受了无由之灾，正因为他们怀抱不现实的渴望，另一些人则因急于将自身处境看作无可挽回的而与之有着同样的遭遇。总有一种视角，会让你窥见某些在你看来隐而不见的幸福。在此意义上，世界的碎片化和矛盾性事实是希望源泉。所以最好自嘲着去生活，承认在你看来的重大事体对他人的存在而言不过是舞台的背景。不枉然地希望，就是为自身的坠落而绸缪。希望的反面或不是绝望，而是听之任之的勇敢精神。在《伦理学》一书中，斯宾诺莎把希望描述为"无常的快乐"（无常是因为不确定），对希望和恐惧都持拒斥的态度。理性的个体以确定的知识为其生活准则，而希望却是无知者的幻觉。

一位在监狱服刑长达二十年的英国记者称："对无期徒刑犯来说，真理令人筋疲力竭。它让你无眠，而且会把你逼疯——无所期望而永不会失望是更安全的。"[95] 出自维吉尔的《埃涅阿斯记》(*Aeneid*)的一句诗如是说:"有一种救赎仍待被挫败——无所寄望。"没有谁比那些被彻底压垮的人更隔绝于世了。心平气和,或心神的宁静,最能通过排除未来的可能性而得以保藏。轻视胜利,也确保了失败的端庄。如果说好的生活是平静且自制的,那么摒弃希望和绝望——那让我们沦为时间残迹之猎物的心绪——实为必须。对未来的投弃,是对焦虑瞬即的疗愈。在柏拉图的《理想国》看来,自足的灵魂对无常的命运是免疫的,它静守自身,而不冒险去依附他人。相比之下,在《尼各马可伦理学》和《政治学》之中,亚里士多德都认为,没有冒险的脆弱的生活是贫瘠的。西塞罗写到那些幸运的灵魂时,说他们"不为恐惧而伤神,不因不幸而痛苦,不因渴望而不安,愚笨地放逐于愉悦并借此而不堕于疲倦"[96]。阿尔贝·加缪在《西西弗斯神话》(*The Myth of Sisyphus*)中告诫我们摒弃希望,至少摒弃那种宗教的希望。

在斯多葛派看来,死亡是解决生活之屈辱的最佳方式;而那些对自己下狠手的人,在生不如死的当下生活或养成的无动于衷之中总能够预知这一归宿,让自身免疫于欲望和醒悟。"哪里有死亡,哪里就有希望,"托马西·迪·兰佩杜萨(Tomasi di Lampedusa)的《豹子》(*The Leopard*)中的唐·法布里奇奥如是说。如果这是斯多葛派的口号,同样也可以是烈士的座右铭。对斯多葛派而言,成为有道德的人并不意味着要去规训自身的欲望,而是要克服欲望。生活的目的并不在于积聚财富,而在于鄙弃财富。这和悲剧式的看法形成了对照，因为后者认为富于进取的人和雄心勃勃的人是最容易跌倒的。索福克勒斯（Sophocles）的《菲罗克忒忒斯》（*Philoctetes*）的合唱中有言，"对于一个人来说，被抬举于群氓之上，永远是一种诅咒"。相比之下，无所冒险，也无所失去。塞内加（Seneca）写道，人们应当"居于安宁，从不被抬举也从不坠落"[97]。无欲的心境道出了所有。平静的代价，是一种特定的救赎的单调性。斯多葛们对世界既在场又抽离，活着也死去，投身于世界的骚动，却凭借灵魂的高贵而超脱其离合悲欢。那些怀抱希望的人的在场和抽离就另当别论了。在可知却未完成的和不存在却诱人的事体之间，在对现实的坚持和未来的承诺之间，他们被分裂开来。叔本华视希望为罪恶的根源，认为它以错谬的期望搅扰了人的平和。"每种愿望都转瞬即逝，"他写道："所以没有希望的滋养也就不会遭受更多的痛苦（比如失望）。"[98] 在尤金·奥尼尔（Eugene O'Neill）的《送冰的人来了》（*The Iceman Cometh*）中的西奥多·希基看来，弃置希望意味着"你最终可以释放自己，让自己沉入海底，安息静好。你不需要走得更远。不再会有一个该死的希望或梦想来烦扰"（第二幕）。对于他周遭的那些游荡者和酒鬼而言，或到头来对他自己来说，这都不是一种特别富于成效的看法。

另一种规避虚假希望的诱惑的方式，不是压制自身的欲望，而是去满足它们。如果人们能永远居于最好的满足，就会毫无匮乏，也由此摆脱了所有的希望，从而不再失望。这就是莎士比亚的《安东尼和克莉奥佩特拉》（*Antony and Cleopatra*）中孤注一掷的策略。通过填塞每时每刻，他们试图以迂回的时间瞒骗自己的愿望。在约翰·多恩（John Donne）的一些爱情诗中，我们能找到这种方案的更为散漫的版本。此剧开场的几句台词，说安东尼"溢出了限度"，像一汪喷泉满而溢出，却时刻更新着自己。叶芝（Yeats）在《内战时期的沉思》（*Meditations in Time of Civil War*）的第一节就给我们勾勒了这样的图景：

> 诚然，在一个富人的繁花盛开的草坪上，
> 在他山丘树林的飒飒声中，
> 生命洋溢着，没有因热望带来的痛苦；
> 生命如雨般倾下直到水池满溢，
> 下得越多，它就攀至更炫目的高度
> 好似任何形态都随它所愿，
> 而从不堕于一种机械的
> 或卑屈的形式，唯他人是从。

这是一幅有着永久餍足和补给的景象。相似地，在安东尼却是，"尼罗河越涨，/就让人越多地指望"（第二幕，第七场）。克莉奥佩特拉说她爱人的慷慨是"一个秋天……/以收获去耕植

更多"（第五幕，第二场）。这里没有匮缺，也因此没有欲望。埃诺巴布斯说，克莉奥佩特拉"制造饥渴/在她最大的满足之中"（第二幕，第二场），意思是欲望无非从一个完满的时刻取道去另一个完满的时刻。充盈又孕育充盈，华莱士·史蒂文斯（Wallace Stevens）在《夏天的凭证》（Credences of Summer）中说到这种境况，称之为"荒芜/属于那种不再能获致的富足之物"。

对这幕剧的爱好者们，人们或可引用弗罗利泽在《冬日的故事》（The Winter's Tale）里对帕尔迪达说的那些话："您所做的每件事，/于细节都如此非凡，/为您当下的功绩加冕，/使您所有的作为尽显为女王"（第四幕，第四场）。或像屋大维更为轻蔑地说，安东尼"以骄奢淫逸填充自己的空虚"，"将其经验典当为当下的愉悦"，并由此盖销他的过往（第一幕，第四场）。对这幕剧的同名角色而言，那种将其从历史重负下解脱的佑护，在因循守旧的屋大维看来却是一种停滞不前的自我耗衰。他宣称，浮躁的庸众，"近乎溪流上漂浮的旗帜（芦苇），/循环往复，奉承着多变的潮流，/在运动中将自身腐化"（第一幕，第一场）。但这一描述同样适于他对安东尼和克莉奥佩特拉的看法。屋大维并不倾慕那些精力充沛的无所而终的意图。

对这幕剧的爱好者们而言，每一个时刻都充满了愉悦，变得绝对，并因此而显现为永恒的意象。如此这般去生活，就是要超越死亡和衰朽，从而在无需美德的意义上无所寄望。期望和未来一道被取消了。在另一种意义上，照此方式生活就是预知死亡将要到临的永恒性，试图将当下的自身安放在静止的时间的终点，并通过预期当下的丰富性（pleroma）之中的死亡之完成，而消解它带来的恐惧。那位被死亡的愿望或驱力所攫住的安东尼也是如此，他说自己奔向死亡，一如新郎奔向新娘的婚床，带着所有情欲的热望。既然每一时刻都是自足的，在一个时刻和另一个时刻之间就不会有排序或从属关系，所以也不存在计划、因果、热望、期待以及由之而来的挫折。庞贝吹嘘，"我的力量是新月，而我那预言式的希望/说它将成为满月"（第二幕，第一场）；但在这幕剧中的成长、希望、预见和期望，是罗马式的论述，而不是埃及的习语。因为那种感官快乐的年代并非人类主体的年代，亚历山大的历史已被摧毁，它只是以帝都之召唤的形式轻轻拍打在安东尼的肩膀上。欢愉的主体不受制于历史变迁和时间的序列（"永恒在于我们的嘴唇和眼睛"），就像安东尼和克莉奥佩特拉这样的角色，他们在莎士比亚的听众眼里是传奇的存在，隐隐地呈现为永恒当下之典范。

第三章　希望之哲学家

恩斯特·布洛赫就是那位希望之哲学家，就如尼采毫无疑问是权力之哲学家而海德格尔无疑是存在之哲学家一样。作为西方马克思主义的伟大而杰出的人物，他同样属于被忽视的那一类人。这种忽视或与一个事实不无关系——他的巨作《希望的原理》被译成英文后篇幅将近 1400 页。如此一来，这部书以乌托邦式的语言描画的那种对于尽头的渴求，在它的部分读者那里才成了某种熟悉的体验。即使是那位在学识上堪比布洛赫的佩里·安德森（Perry Anderson），在他的经典著作《有关西方马克思主义的考量》（*Considerations on Western Marxism*）中，对前者也只字不提。

布洛赫的一些著作所固有的浮夸而玄妙的单调，是于事无补的。将自己的风格描述为"后表现主义"的尤尔根·哈贝马斯（Jürgen Habermas）评论说，"一块块不规则的连字符术语，茂盛成长的繁冗的修辞，升沉起伏的狂热气息。"[1] 其中也有不那么严格讲来的老生常谈，如当他写到（几乎是随手摘来的句子）"为有生之时的卧室中的充分性的闪光时刻和基调而感到对惊愕的过于明亮的恐慌"[2]。除去某些锃光发亮的段落，布洛赫那冗长的修辞、粗制滥造的用语以及虚假的深度，都为马克思主义理论招致了不好的名声。如果说他的风格以其富于想象力的生动预示了乌托邦，这风格的晦涩也帮了他的忙。圣保罗所说的透过模糊的窗子观见上帝的国度，再贴切不过了。于是，人们不无宽慰地从布洛赫那狂热的单调转向了一种本雅明或阿多诺式的格言经济学。

布洛赫的主要研究形式反映了它的内容。这部混杂的巨著以自由和多元——这些价值预示了它所谈及的那种未来——的名义撇开了任何严格的结构。于是，阅读这部书本身就注定会给我们一种乌托邦式的体验。鉴于斯大林主义的总体性观念凌驾于特殊个体之上，布洛赫刚愎自用的特异想象力则完全公正地对待了随机和偶然，以致富于细节的离题层出不穷。他著作中的那种奇怪的唯物主义诗歌，连同对传统构思的拒斥，本身就是一种政治姿态，代表了对正统学术范式的持续不懈的攻击。西奥多·阿多诺将之称为对"知识学科规范"的冒犯。[3]

身为左派的德国犹太人，布洛赫在欧洲各个避难所度过了纳粹时期，他1938年移民到美国，并在那里写就了《希望的原理》。1949年，他搬去东德。如一位评论者所说，"出于对未来的考量，他和奸诈的现实定下了浮士德契约"[4]。简而言之，他摇身变成了斯大林主义的全心全意的辩护者，为莫斯科公审争辩，并把托洛茨基（Trotsky）归在盖世太保之列。虽然和共产党保持着距离，但他沉溺于各种最为强硬的斯大林主义论辩，一再宣称自己对东德政权的绝对忠诚。按哈贝马斯的说法，布洛赫确信，通向自由与多元的道路会导向国家权力、暴力、集中计划、集体主义以及正统教义。[5] 和很多左派的同事们一样，在他看来，时代的核心选择存乎于斯大林和希特勒之间。而即便如此，能在苏联瞥见乌托邦的种子，也代表了希望对经验的标志性胜利，就如在德意志民主共和国叙写希望，对生活于其中的经验而言是一种非凡的胜利一样。

抛去布洛赫对东德的信念不说，狂热的神秘主义和形而上学的杂烩——东德政权就是如此看待《希望的原理》的——也不可能让他得宠于权威。如果马克思主义可以带着科学的准确性预知未来，那么还需要像希望这样的小资产阶级的虔诚吗？于是，布洛赫遭到追捕和谩骂，被禁止教书和出版发表。1961年，柏林墙挡住了他访问西德时归家的路，于是他决定待在西德一方。在西德，他转而对先前的斯大林主义专家们发起猛烈攻击。值得称赞的是，他不复抱有幻想，拒绝重蹈那条他所熟悉的已然带有强硬革命性的左派路线。相反，他帮助学生进行反核武器和反越战运动，对德国的统治阶层不吝苛评。他终将成为最受人尊敬的西方左派预言家，甚至在有生之年成为一位神秘人物。

佩里·安德森指出，从克罗齐（Croce）对葛兰西的影响，到黑格尔对阿多诺的影响，继而海德格尔对萨特、斯宾诺莎对阿尔都塞（Althusser）的影响中都可以看出，非马克思主义思想的敞开性一直以来都是西方马克思主义的一个与众不同的特征。[6] 人们或许会说，布洛赫的著作将这种接纳性表现到了拙劣的极致。哈贝马斯（认为布洛赫缺少概念的准确性这一点是"可憎的"）将他那令人生畏的百科全书的知识扩展称为"毕达哥拉斯式的数字象征主义，犹太神秘哲学有关数字秘法的教义，炼金术士的相面术、点金术以及占星术"[7]。这不太像是东柏林官僚的生活日常。在其早期著作《乌托邦精神》(*The Spirit of Utopia*) 中，布洛赫结合了犹太教的弥赛亚主义和古典哲学、神秘主义和末世论，以及马克思主义和神智学。他著作的绝对宽度着实令人激动。莱斯泽克·科瓦柯夫斯基（Leszek Kołakowski）说他试图将"一种彻底的形而上学和猜测性的宇宙进化论"嫁接到马克思主义之上。[8]

《希望的原理》所寻求的是马克思主义的一种形式，它可匹敌宗教的深度和广度且胜任对后者的批判。于是，它从诺斯替教徒（Gnostics）写到现代主义者，从伯麦（Jacob Boehme）写到布尔什维克主义，从理想黄金国（Eldorado）写到约阿希姆·德·菲奥里（Joachim de Fiore），从奥里诺科河三角洲写到烧乳鸽和阿拉丁神灯。作者的兴趣从伦理学、美学、神话学、自然规律和人类学延伸到幻想、流行文化、性欲、宗教以及自然环境。他还激烈地反对古典马克思主义的欧洲中心偏向，坚持认为有必要给予非欧洲文化足够的重视。他的两个评论者写道，没有其他的历史唯物主义者"对革命实践所需要的哲学、艺术和宗教的重要性给出令人更为信服的论证"[9]。照此来说，布洛赫是那种可以让马克思主义的批评者们感到宾至如归的马克思主义者了。于是，拯救派神学家、文化历史学家、自由主义人文学者和其他各种人都争相对他大献殷勤，却慷慨地有意忽视他对物质辩证法始终不渝的忠诚，就不足为怪了。

布洛赫责骂他所谓的"社会主义者想象力的营养不良"，却险而犯了粗俗概念肥胖症。一些人眼中令人钦佩的博学，在另一些人看来则可能是让人生忧的智性贪食。没有什么比他那过分夸张的感受性离得体和沉默的古典美德更远了。他对稀疏和偏重的概念一无所知，思想受制于近乎病态的驱动力而去追求普遍的知识——那种预见所谓共产主义乌托邦之完满（Totum）的知识。在此意义上，他的著作形式和其内容也是一致的。然而，从根本上说，这种著作整体上令人目瞪口呆的多元性悖论，正是其单调性所在。宽广的论域一再证实它所关切的那一套还是如此狭隘。布洛赫那可圈可点的丰富写作风格更是经验性的，而不是概念性的。作为一小组相对有限的关键概念，其中很多都多少和其他概念同义，并由特别广阔的具体事例所佐证。他的作品的重复性令人惊讶。完满和终极（Ultimum）同样也是最佳（Optimum）和至善（summum bonum），而故乡（Heimat)、存在（Being）、大全（the All）、末世（eschaton）和丰富性（pleroma）又差不多可以互换。所有这些措辞都传达了未来的一种和平、自由以及无阶级性，但除此之外它们在内容上实在卑浅。

人们或许会说，布洛赫的著作既少有马克思主义，又有太多的马克思主义——它过于急切地假定，几乎所有的历史现象，不论它们离现代政治有多远，都能从中汲取有助于其解放的价值；但它又太过专注于将这种巨大的物质杂多熔入历史唯物主义的模具之中。过去可能是多元的，但它有单一的目的。因此，身为斯大林主义者的布洛赫和追求无谓细节的布洛赫是并肩而行的。作为异端和另类的辩护者，他四处搜寻着人类文化的一条条屈曲不平的窄巷和不惹眼的后街。他的视野过于发散，也太过狭隘。他的著作力尽其详又归约至简，充塞着种类繁多的琐碎，但也是所有元叙事之母的代表。其中太多对宇宙力量的信口开河，太多有关物质辩证逻辑的原理图解。《希望的原理》对人类文化的所有财富殷勤周到——但只是为了到头来去将其占用。马克思主义是所有先前创造性思想的受赠者，但通过取代后者而将其超越。例如，布洛赫有时好像认为，就未来时而言，几乎所有前马克思主义思想都是尚未受教的。未来是和历史唯物主义一同降生的。随着真理内核的具体实现被发现于所有早期对自由的洞见，马克思的思想才将从希伯来先知和帕拉塞尔苏斯（Paracelsus）传到黑格尔和现代的遗产付诸实现。在研究问题时处处发现马克思主义理论原型的证据,到底是思想开放,还是视野狭隘呢?

布洛赫在对非马克思主义思想的态度上是一位标准的马克思主义者,但就其肯定精神而言却非此学派中的典型。佩里·安德森在其西方马克思主义的研究中指出,这个领域中的几个思想家都陷于忧郁,但布洛赫却可能因其过分的轻快而遭受合理的指责。这种乐观的愿景可能有其历史原因。如果在布洛赫看来,希望是一种本体论的事体而非心灵的状态,那或许是因为,只有这样一种根深蒂固的确信才能幸免于他所经历的黑暗的历史年代。普通的希望不会显出足够的韧性。在如此苍凉的年代里却执有那么坚定的信心,所需要的若非不寻常的视野,就是罕有的盲目。也许,这里所说的希望,纯粹经验上的失利是不能将其挫败的。难道布洛赫式的希望之所以不可被剥夺,是因为它和理性无关吗?[10]

确实,在布洛赫的著作中,希望好似内嵌于世界本身的结构之中。在这种对美德的绝对本体化中,希望一如铀元素在世界中存在。比起现实本身的基础决定因素,意向、期望和预期倒是意识的次要方面。存在一种"自行完成的善"[11],或像贝克特(Samuel Beckett)《终局》(*Endgame*)中的一个角色带着相当不祥的预感所说,"有些事正在悄然发生"。好似存在本身就是本质意义上的希望,缺失了这种内在的奋争它就将沦为虚无。"世界的本质——构成,"布洛赫说道,"充满了那种倾向于大全的尚未。"[12] 他相信，未来的可能性必须是"客观上真实的"，而不仅限于主观；它潜在于当下的境况，而不只是如意的愿想。如我们所见，马克思的立场也是如此，而布洛赫把它向前推进了一两个阶段。这不只是说，人们必须要有希望的物质基础，布洛赫还认为希望在一定意义上是世界中的客观动力——不只是在人类历史中如此，在宇宙本身中亦然。他告诉我们，他意在打造某种不亚于共产主义宇宙论的东西。与之相比，马克思可能相信生产力的进化，却并不认为这种进化的展开是以某种方式内嵌于世界之中的。它不像黑格尔的精神（Geist）或柏格森的生命力（élan vital）那样的形而上学原则，而是被限定在历史的领域。马克思对形而上学的沉思是没有耐心的，对宇宙的运作似乎也没有兴趣，他没有说世界本身在朝着善的目的艰难跋涉。布洛赫称，"无阶级"代表了"历史迄今为止的终极倾向性—可能性"[13]，但马克思却不耽于这种超历史的幻想。的确，他致力于否定历史有其自身的目的，也没有为某些道德层面不断进步的神话而争辩，这一点我们已经指出。和封建制度相比，法西斯主义并无进步可言。

现实可能确实在不断地进化，但只有在变化本身是值得的情况下才成其为希望的理由。人们时常发现，在作为浪漫派生机论者的布洛赫的写作中，运动、活力、动态性、瞬态、不稳定性、生产率、开敞性、可能性等等，好似都具有明确的正面性，但事实显然并非如此。"运动、变化、易变的存在，"他断言，"……有着尚未闭合的发生能力。"[14] 他却没有补充说，它的一些潜在的未来到头来可能完全使人不快。或许，除了对华尔街的投机者们而言，未来本身并不是一种价值。人们也不应为开敞性的纯粹前景而欢欣鼓舞。纳粹德国拒斥终结，致力于无限的持存。正如《共产党宣言》的锐见，没有什么历史体系比资本主义更为变动不居了。发展并不必然昭示繁荣。在展开的过程中，情势虽会更加完整地回归自身，也会变得晦暗。保守派们怀疑这是个正确的普遍法则。于是，唯一可圈可点的变化形式，就成了人们对于维系当下的尝试。他（她）对未来抱有希望，但只是在未来或多或少会和当下保持连贯的意义上才如此希望。此中无需隐含对现状的志得意满，无非是一种不想因跨越到未知而危及现状的不情愿罢了。

将易变性看作不完满之标志的不仅柏拉图主义者。身为救世主式的思想家，瓦尔特·本雅明也认为，历史的短暂易逝是和其微不足道密切相关的。同样值得指出的是，停滞本身并没有什么让人难以接受的。不变性可以是一种极好的境况。人们相信，女性投票权不会沦为一种短暂的潮流，禁止童工的法律不会从成文法中消失。当且仅当从特定的道德视角去衡量，变化才会是积极的，而不是自宇宙自身的视角来看；而且，布洛赫面临着历史主义的常见问题——这些标准从何而来，以及它们何以评判自己作为其中一部分的历史。或许，历史现象需要依照它们对大全之出现或者未来之完满的贡献而得到评价；但既然这种终极目的尚未达成——因为历史还没有构成一个整体，就很难知道我们何以能够将它作为尺度去评判它将带至的过程了。

想要了解希望是物质过程所固有的这一断言有何意义，也并非易事。在一定意义上，这就如同认为嫉妒或野心也是此过程所固有的属性一样。韦恩·哈德逊（Wayne Hudson）指出，对布洛赫而言，"有着未来主义特性的，是现实，而非纯粹的意识"[15]。诚然，现实是进化的，就此而论，它有其未来主义特性，但这并不就是说，它所指向的是一种值得赞誉的目的。即使在物质的核心处存在着促其前进的动力，也并不意味着这动力会推助其上升。只有在人们把变化本身看作具有生产性的时候才是如此。历史现象可能存在一个世纪之久，或者受限于非洲西部的某些区域，这些都会是它们的特性。但如果说它们会因幸福极乐而受孕，就另当别论了。宇宙对进步的专注，或不及对自身毁灭的固执。维多利亚时代的哲学家赫伯特·斯宾塞教导我们，世界在其进化的过程中变得愈加异质多元；然而，只在人们推崇异质性的时候，它才会构成希望的基础，这是个见仁见智的问题。此观点同样适用于这样的主张，即认为世界正变得愈加一元化，或者文明正在制造更高级的智性、更健康的婴儿和日渐延长的寿命。婴儿生来更聪明、更健康或更漂亮，这并不是那些认为人类的存在原本就毫无意义的人值得庆贺的理由。憎恶共产主义的人，不会认为布洛赫的未来是值得期望的。

布洛赫坚信，在物质层面的整个现实中，充满了一种朝向完美的内在目的性或倾向性。他如何知道这一点，就很难说了。这好像正是他所貌视的那种从资产阶级理想主义中暴露出来的思辨观点。事实上，它是粗鲁至极的必胜主义，近于资产阶级意识形态，听起来让人觉得不适。就此而言，布洛赫更像德日进（Teihard de Chardin），而不是马克思的信徒。他同样附和了像格奥尔格·毕希纳（Georg Büchner）这样的激进分子的思想。除去其戏剧中那全然的惨淡萧瑟，毕希纳依旧认为，自然是以一种致力于统一与和谐的规律为其动力的。哈德逊指出，布洛赫眼中的进步，源自以辩证的物质取代上帝。[16] 确切地说，他属于为数不多的推崇恩格斯《自然辩证法》的西方马克思主义者。如果物质能够将全能者取而代之，那是因为布洛赫自始就在其中偷藏了某种拟神的特性。进一步说，如果物质取代了神，也会在适当的时候取代人性。对布洛赫和约翰·弥尔顿而言，耶和华对众民的许诺是祂终将退去。祂会放弃自己的王座，将神威以其子之形象转交于人。确实，人性不仅会在上帝空出的王座上成为至高的主宰，更将在统治权上实际地将其超越。很难理解这究竟是一种无神论的视角，还是宗教的视角。

被哈贝马斯冠以马克思主义式的谢林之名号的布洛赫，好似假定了一种藏匿于宇宙物质中的潜在的创造性。被亚里士多德纯粹地应用于生物形式的理论，膨胀而成了完整的宇宙论。相比于人性对希望的桎梏，它更激发了原本就潜在于存在之中的种种。在所有最为宏大的可能性叙事中，这同一种富于生力的冲动被认为潜伏于最为多元的现象之中。作为一种必要的概念迁移，这种观点还是有其意义的。如果构成世界的各种过程都在前进和上升，那么这若非必须出于一种非同寻常的偶然，就必然源于它们是同根同源的事实。有些形式的一元论和本质主义，必须成为宇宙进化原则的基础，无论它所假定的形式如何多样。否则，人们就不能说世界本身在前进，且又与其中或此或彼的部分相冲突。相反，人们蛮可以设想未然（Not-Yets）的多样性，而不只设想一种，还可以设想宇宙中的一些潮流是臻于完善的，另一些则不然。

既然这些潮流是多元的，它们所分有的就必须是某种最低程度上的共性，或者绝对基础性的原则。这也是布洛赫为何将乌托邦式的资源用作宇宙的基础构成的原因。然而，诸如现实本身显露为一种轨迹的说辞，或去把握共产主义如何隐含于变形虫的结构之中的做法，其意义都暧昧不清。与自身中或此或彼的历史潮流相冲突的世界本身，怎么会是日臻完善的呢？借用布洛赫自己表述宇宙目的的措辞，一个光子在什么意义上被导向天堂呢？无论人们对这种神秘的唯物主义作何评判，它和马克思主义都甚少关联，或者毫不相干。对马克思而言，唯物主义不是对自然本性的形而上学断言，而是对在人类事务中占据主导的物质实践的信念。

布洛赫并不否认人类堕落的事实。的确，在奥斯威辛之后，他以康德式的风格提出了对根本恶的假定。他也不认为宇宙的乌托邦倾向必将占上风,因为这样的立场会让他尴尬地接近于自己所拒斥的决定论的马克思主义。世界中存在一种自我完成的冲力,但只能通过自由的人类活动才会有所成就,否则就很容易偏离正轨。宇宙需要我们的协作。在人性上升到自我意识的过程中,其内在动力也得到了积极的提升。希望建构于宇宙之中,但这丝毫没有得到保障,而且总会脱轨。借此,布洛赫把纯粹的目的论和对自由意志的信念结合了起来。确实,他的立场近乎基督教的天意教条,后者认为天堂之国注定要降临——实际上,即使在当下,造物之全体都在朝向这一目的哼嗥艰难地行进着——但这无非是上帝之构思的一部分,也就是说,作为上帝恩典的接纳者的男女们,将自由地与此计划协作。

如上所见,对基督教的信念而言,上帝已经为人类叙事安排了一个好的归宿,这一归宿不可能流于不幸。自福音看来,历史存在于复活的信念之中,没有什么历史事件——甚至核灾难和生态灾祸——能使这一事实搁浅。由于基督的复活,可以说,希望已然发生,未来已经被过去担保。所以,在基督徒那里,希望在某种意义上的确是被建构于宇宙物质中的。基督既是造物之主,也是历史之主。但是,很难看出这符合布洛赫的观点。在他的无神论中,根本没有什么能够为此做出辩解。

如果布洛赫的观点是有根据的,那也就意味着希望是顺宇宙潮流而动的,而不是逆流而行。若确实如此,那么微妙的是,所有关于希望的具体实践都将被贬值。因为尽管这些实践参与了宇宙的大趋势，却不如希望那般艰巨——除去在令人最不快乐的境况中也不愿屈服的情形。正如弥尔顿不会颂扬那种与世隔绝的不愿为其尊严而斗争的美德，对于来之全不费工夫的希望，我们也一样无动于衷。希望不需要宇宙的支持，离开了这支持反倒更加可信。在瓦尔特·本雅明看来，认为历史站在我们一边的信念，是政治上的志得意满在自杀前的最后遗言。类似地，托马斯·哈代也认为，相信宇宙和人类是共谋，是一种危险的多愁善感的幻觉。当然，他不认为宇宙对我们是怀有恶意的。宇宙不是什么主体。毋宁说，哈代的观点是，现实自身没有情绪或观点，这既会是希望的源泉，也一样会是沮丧的原因。[17] 如果说世界不会配合我们那更值得称道的计划，更谈不上和我们共谋那些声誉欠佳的计划了。

如果历史揭示了一种朝向乌托邦的内在轨迹，那么这种倾向，如我们对世界的匆匆一瞥所可能看到的那样，何以会归于不幸呢？《希望的原理》给出的答案是，人类活动会将历史挫败。驱动世界向前的力量就自身而言虽是好的，却总会遭受背叛。正是人类，这个诸世界的制造者和屠戮者，可以选择将宇宙带至完满抑或毁灭。在布洛赫的眼中，在完满和毁灭之间不存在中间道路，对此他并没有作出解释。此中关键在于一种对人类欲求的表达/阻塞的模式。"如果人类的进步不受阻碍，那又会成为什么呢？"[18] 布洛赫如此发问。似乎如果将人类限于自身，它就会朝向宇宙为其备藏的幸福迈进。对布洛赫以及大多数浪漫派的自由主义者们而言，那有可能阻断这一进程的障碍与其说是内在的，倒不如说是外在的。而且，既然比起内在的阻碍来，外在的阻碍一般更容易被克服，这本身就是一种有力的慰藉。

然而，这种模式却无疑是误导性的。首先，它无法接纳恶的现实——把对毁灭的狂欢作为其目的的恶。[19] 那种视人类价值为纯粹伪造的虚无主义，将使其陷入窘境。此外，并不是所有的否定性都源于对良善本能的抑制，道德的损毁或是出于其他的原因。人类的欲望不会只因受到妨碍就变得病态，虽然那些超现实主义者们会如此认为，对威廉·布莱克的粗浅解读也有可能让我们得出这样的断言。正相反，有些欲望必须以普遍福祉的名义得到压制。然而，浪漫派的自由主义者们却没有阐明如何去辨别我们自身欲望的文明程度。

要实现内在的存在，仅陶醉于打破种种外在的阻碍是不够的，还需要更为具体的将我们从自身解放出来的事业。我们需重新规训自身的欲望，而不是自由地将之外化。作为反对精神分析理论的一份子，那种认为欲望在其核心处寻求对自身否定的观点会让布洛赫感到不安。弗洛伊德眼中的欲望在某种意义上总是混乱而堕落的，但布洛赫将其视为确定无疑的积极样式的希望，而认为否定性多半是关乎妨碍的问题，并非希望和欲望本身的组成部分。限制我们愿望的东西，很大程度上存在于政治领域，而不像弗洛伊德认为的那样，是内在于人类主体之中的某种备受批判的法则。在弗洛伊德看来，欲望不是某种与此法则相冲突的原始力量，而是我们与之激烈冲突的结果。布洛赫倾向于轻描淡写在幸福的追求中所固有的匮乏。他还认为，这种匮乏的超越性总把它归在进步的一方。在他唱给无限的颂歌中，鲜有对狂妄自大的理解。

或可以说，马克思也采纳了表达/阻塞的模式，尤其在他对诸种生产力如何被占主导的社会关系所阻碍的描述中。如果这些力量把人类自身包含于其中——马克思似乎有如此假设，那么不难想象，人类力量的实现就其本身而言就是一种善，唯一的问题就在于这力量所受的阻碍了。和大部分自我实现的伦理学的倡导者一样，对于如何在我们的各种能力——其中一些能力比别的能力更为有害——之间做出区分，马克思必须慎之又慎。否则，他就将陷入一种幼稚的自由主义的观念，认为能力本身的存在就是其实现的充分条件了。

但话说过来，马克思关于历史的总体论点，并没有过分简单化。一则，共产主义是政治革命的产物，而非宇宙的造物。其次，那种认为他将生产力的进化视作宏大叙事的组成部分的观点，也饱受质疑。[20] 无论如何，我们已经看到，这些力量的释放只在长远看来才会是有益的。切近而观，它们既造成了野蛮，也造就了文明。一如《项狄传》（*Tristram Shandy*）那宿命式的自传，历史在进步的同时也在退步。马克思认为，如果说历史向前迈进了，那也是出于其具有反作用力的方面。由过去遗赠给当下的资源是受到污染和毒害的，马克思和弗洛伊德都觉察到了这一点。此外，虽然马克思的读者会认为他好像假定了某种在物质基础之中连续性的进化，他却没有断言这种所谓的上层建筑；然而，在布洛赫那里，这种上层建筑代表了一种令人生畏的宏大叙事，就如它的艺术、文化、政治和宗教可被把握为同一潜在的希望之原则的多样化表达。

如果我们将希望还原为某种单一的正面力量，就很难描述那些彻头彻尾有害的愿望。把犹太人清除出欧洲或把库拉克驱逐出苏联的愿望，就是两个例证。并非布洛赫完全忽视了这些邪恶的计划，他只是没有为它们感到足够的不安。"希望"一词在他那里有着过于强烈的共鸣，以至于他不能正视这些计划。事实上，即便是在最恶毒的愿望中，不论乌托邦式的念想被如何扭曲，他都能有所觉察。

这种视角也有些许的益处。例如，在他同时代的马克思主义者们看来，法西斯主义不过是资本主义的濒死挣扎，但布洛赫却得以更细致入微地看待它，并由此而受到了某种程度的欢迎。布洛赫研究大众意识，呼吁一种新的文化政治（Kulturpolitik）。他对马克思主义的文化上层建筑概念保有令人钦佩的严肃态度，并由此在法西斯主义中的神话和幻想中辨明了（例如）某种原本能够在政治上大有作为的被扭曲了的欲望。用弗雷德里克·詹姆逊的话来说，布洛赫执着于那种"潜在的原则，即每一种否定都多少蕴含着在本体论层面超越于它的肯定"[21]。类似地,尤尔根·哈贝马斯也说道,"他想要在虚假的意识中拯救真实"[22]。

即便如此,这种精神之慷慨还是存在各种局限。说每一个梦想家都是私下的革命者,这是有失真实的。要在那种把犹太人从世界清除的愿望中发现积极的推动力——无论它被如何扭曲,都会被视为道德上的猥亵。并不是所有的希望都预示着乌托邦。转变世界的方式无需为乌托邦精神证言。举例来说,谋杀就暗含了一种对可能性转变、当下的临时性以及历史的开放性的信念。如此一来,弗雷德里克·詹姆逊所言就不成立了。他认为,"无论我们看向哪里,世间的所有都成了一些原始形象的变体,变成了朝向未来的原始运动的表现……而这就是乌托邦。"[23] 将希望和其目标视作单一的——坚信人类所有的希望是一个神秘的统一体,都为着同一个被解放的未来而奋斗——恰恰导致了这种错误。

此外,使整个世界牢固地环绕于它的轴心而去面向未来,以便所有真正的思想都变得具有预期性,所有真正的艺术都成为乌托邦,而且所有正当的实践都成为未然之先兆,反而是在赋予实事以尊严的实践中将其削弱了。这样做是向艺术、思想和实践出借重大的意义,却同时声称它们的真理在自身之外。现实被从自身剥离开来,永远延后于某种思辨的目的。"唯有那被马克思主义所占据的未来之地平线,连同作为前厅的过去,才给予了未来真正的维度。"布洛赫如此断言。[24] 如其存在而是的世界,他解释说,是"不真实的"。但这样的断言也有失真实,并不能说有待达成其全部潜力的事物由此在现实层面就是欠缺的。一个鸡蛋不会因为尚未孵化而存在缺陷,一项政治改革进程也会不因为达不到乌托邦就毫无意义。当下并不于存在论层面上逊于未来,过往也不只是当下的序幕。我们不应当允许虚拟语态胜过陈述语态。路德维希·维特根斯坦在其《哲学研究》(*Philosophical Investigations*)中反对这样的争辩:村子里不存在最后一栋房子,因为我们总可以再造另一座。诚然可以;但这不会改变最后的房子在此时此地依然存在的事实。村子无疑可以被扩展,但却不是未完成的。

布洛赫的著作最为声名狼藉的方面在于他对经验性事物的鄙夷。科瓦柯夫斯基尖刻地写到他如何把分析上的无能抬举到了理论美德的高度。[25] 有时,他又冒险接近那粗俗—浪漫的偏见,认为事实只是物的具体化,对事实的陈述实际上是"实证的"。由此,他就能够嘲弄地论及"纯粹事实性的现实"。存在的事态仅仅是深层过程的射影,唯后者才是真实的。理性(Vernunft)高于知性(Verstand),而比起日常理性来,想象力更显得无比珍贵。实际之物当归于那些怯懦的灵魂,他们忍受不了可能之物,因为让自己过于沉浸其中本就是一种否定的形式。乌托邦式的愿景是不能被任何浅薄的偶然所驳斥的。

这种高傲的本体论和布洛赫的斯大林主义不无关联。只要共产主义的未来是真实的,人们就可以忍受建设这未来过程中的粗野。如果宇宙永远推延其目的,东德政权又何尝不是呢?就此而言,布洛赫所谓的未然其实是一种神正论。而那种对完满(Totum)、终极(Ultimum)、完善之存在(Ens Perfectissimum)、所谓本质、基础以及其他诸如此类的装腔作势的抽象语汇的反思,同样可能将当下的现实政治遮蔽起来。如果布洛赫在贝托尔特·布莱希特所说的新冰河时代仍能保有希望的观念,我们怀疑,那部分是因为,他对与其时代的恐怖相抗争的未来有着强烈的偏好。如果有人因推崇当下而去否定未来,那么反过来的情形也可能是真的。

布洛赫所坚执的希望,是我们先前所说的那种根本的希望——壮丽的大写的希望,而非这种或那种具体的渴求。正如弗洛伊德式的欲望的对象是模糊而不确定的,因为它的丰富性在当下还是一种不可被想象的事态。由此,对于布洛赫而言,希望在某种意义上几乎和头部受到打击一样客观,而在另一种意义上也难以捉摸,让人气恼。它的完成可在白日梦、幻想、至乐的时刻和新的建筑风格中得见;但却不能被正面遭遇,一如犹太人不许雕刻非神的耶和华塑像。同样地,在弗洛伊德那里,梦和幻想构成了一种症候学,它们所唤起的是过去,而不是将来。弗洛伊德把它们视作某些原初创伤的征象,然而视精神分析为没落的资产阶级产物的布洛赫,却以多少类似于圣礼生活之于基督教的方式，在梦和幻想中发现了关于将来的预示。他似乎没有认识到，精神分析是为着解放的未来才去发掘过往的。如果说布洛赫在寻求过往中的未来，那么在不同的意义上来说，弗洛伊德也是如此。就后者而言，当下不断地被过往的逆流拽回，而在布洛赫，当下是在未来潮汐的拖曳下得到牵引的。在他们二者看来，当下都是由某种极为重要的差异性而受孕。弗洛伊德认为，结果存在于起源处，正如伤痕累累的自我挣扎着要回到不幸的诞生点之前一样；而用布洛赫最为著名的口号来说，起源就发生在终点。在弗洛伊德那里，未来即死亡，而在布洛赫，未来却是生命。弗洛伊德的愿景是悲剧性的，但他不认为欲望的废墟无可弥补，而我们稍后将会明白，布洛赫的愿景却鲜是如此。

人们所谓的大写的希望，将人类历史转换成了一种强力的元叙事。然而，在布洛赫的眼里，它并非平缓的线性过程。我们蛮可以把布洛赫的著作解读作他所拒斥的第二国际马克思主义的精神化版本——它保留了自身的整全化、目的论的形式，但给予了它们不同的原则。然而，如果未来真的秘密地作用于当下，线性时间就会让位于一种更为纠结的、多层面的、非同步性的历史视角——如布洛赫正见，这是马克思主义所亟需的。从这层意义上讲，他对历史的看法兼具多元性和一元性。正是因为在他那杂乱无序的文本中，一切都出于同一种延展性原则，你才得以游刃于剧情内外。你既能倒读，也能正读，可以把渺远的和切近的并置,将散布的现象聚合为一,并在古远的过去发见被埋藏的未来。[26] 如果说这种观念含有本雅明式的元素,那也是被束缚在正统的马克思主义的远景之中了。本雅明的希望和历史主义之间存有歧见,但在布洛赫那里,二者是并行不悖的。

在一定意义上,线性历史是潜在的悲剧性历史,因为已经发生的就无可挽回。人类叙事之中存在着诸种循环理论,对其而言没有什么是失落了的——其中一切都会最终带着改良后的伪装回归,所以它们不是悲剧性的,而是喜剧性的。济慈和乔伊斯都持有这样的观点。相反,线性时间虽容许我们成长、懊悔、继续前行或归复原状,却也是绝对而无法变改的。无论我们如何依己所愿去追忆和恢复,死者还是死者,败落的一仍残碎。所以,本雅明的马克思主义才有着悲剧性的要旨,而布洛赫却不然。的确,悲剧和他的整个思想的氛围都相契合。布洛赫很清楚,对先前已逝的而言,后续到来的并不总是一种进步,而且此中还有那种他称为"前进之损失"的状况;但是《希望的原理》在取得进展之前就说出了"比起失败,希望更青睐成功"这样不详的断言。[27] 布洛赫承认悲剧的现实性,但他在很大程度上却不是一个悲剧思想家——并非因为他是个乌托邦空想家,而是因为他只断断续续地认识到,只有在与剥夺的遭遇中,存在的转变才能够发生。

当然,布洛赫有时承受了这种真知的所有压力。唯有直面虚空,新生活才会出现。他在《希望的原理》中写道,"马克思的人道是向着他最为卑微的兄弟们的,它通过在根基层面理解后者的大多数的卑微以及由此而导致的无价值而证明自身,以便从根基处赋予他们价值。现在,无产阶级所代表的那最极端的异化的零点,终成为变革的辩证之处:马克思正是教导我们在此零点的虚无中找寻我们的全有。"[28] 这是一种引人注意的对马克思主义的悲剧性洞见——此悲剧决不会被它积极的政治目标所阻断,因为存在的缺失正是达至这些目标的条件。如果布洛赫的这些话意义非凡,那丝毫不是因为它们和他感受力的其他方面是格格不入的。这种悲剧性的洞见并不是他著作的基调。《希望的原理》很少让我们觉到它是沉浸在那种与希望相对立的恶性冲动之中的。我们本该在人类历史的每一个纪元中听到更多权力的傲慢、暴力的顽执、漫长而一再重演的两败俱伤的冲突、虚假意识的盛行,以及伤残、剥削和羞辱的根深蒂固的驱动力,任何对这些令人讨厌的现实视而不见的人道主义都必定会贱买其希望。对布洛赫而言,过去的历史在极大程度上是对天堂的预示,而在马克思,它却是重压在生者头上的梦魇。

我们会更经常地发现,布洛赫推销的不是悲剧,而是神正论。"每一次基督的降临,"他写道,"都含有某种被利用以及挫败了的虚无主义,以及某种在胜利中被吞没的死亡。"[29] 失败化变为成功,死朽被复原为胜利的凯旋。"虚无以其愈加强大的力量突进历史之中,赋予朝向大全本身的辩证法建设性的力量。"[30] 否定性无非是进步的动力,正如未然"以一种乌托邦式的辩证的形式向前行进一样"[31]。诚然，布洛赫承认那种荒凉的虚无的可能性，它将招致整个历史进程的垮塌，而且没有什么辩证的戏法能将之同化。但在这种灾难缺失的情况下，否定性对道德和政治的力量建构而言却似乎意味着一种时机。不能以这种方式被理性驱逐的灾难就被彻底地贬低了。"诸如伯罗奔尼撒战争和三十年战争这样的灭绝，"布洛赫令人吃惊地宣称，"只是不幸罢了，个中并没有辩证的变化；尼禄和希特勒的屈辱，以及所有这些表面上的撒旦式的爆发都是最后深渊中的恶龙，而非历史的深入。"[32] 如此看来，三十年战争好似只是一种不幸，一次历史的越轨，一次辩证的历史高速路上的随机偏离。而希特勒不过是一个没有历史理性依据的邪力的爆发。凡是不能促进历史性希望的，都不是真正历史性的。于是，布洛赫表现出了对那种所谓终极解决方案的最令人恐惧方面的无知。也就是说，这种方案是史诗尺度上的世界历史性事件，属于凶险的历史逻辑的一部分。它也是彻底的徒劳无功，纯然的消耗和意义的虚无，一种萦绕于现代历史之中的废黜任何建设性作为的否定性。就此而言，它揭穿了布洛赫那狂热的黑格尔主义。

间或被人们忘记的是，在"我置身于天堂"这句表达中，说话者正是死亡。没有任何可以想象的乌托邦能够克服人的必死性的现实。尽管如此，布洛赫却认为处在更为阴郁境况下的死亡就是终极的反乌托邦，综合了傲慢和诡辩的他暗示我们，甚至这种克服最终都会是可能的。在《希望的原理》中，有关不朽的含糊其词不止一处。他写道，"阶级意识的确定性的确是对抗死亡的新属（Novum）"，也就是说我固然会死，但我们却不然。[33]此外，如果我们的真正身份在于未来，那么这身份就不能被毁于一旦，因为它尚未存在。尚未存在的东西是无法消失的。在哲学的历史中，有着对此更为严格的论证。布洛赫认为，还没有完全实现的生命，是不能被死亡触及的。完全的自我实现将招致时间和过程的终结，死亡也会随之而来。在每一个个体的核心处都有一种"不朽的元素"，所以"每当存在接近其核心，就生发出永恒"[34]。换用伊壁鸠鲁的话说：人所存在之处，死亡则不存在。这是一种令人动容的情愫，但全然有失真实。事实上却相反。正是通过人，死亡才达到了自我意识。

布洛赫看待死亡的态度就其深层而言是非马克思主义的，也几乎同样是非基督教的。认为在自我的核心存有不朽的精神，即便肉身殒灭依然存在，这并不是基督教的教义。相反，后者认为，肉身之外没有真正的个体同一性，这也是救赎为何必须牵涉肉身复活的原因；而且，死亡虽是一种凌暴，但只有在自我驱逐的行动——这同时也是爱的内在建构——中顺从其必然性，才能从其痛苦中脱离。对布洛赫来说，复活代表了那种不朽的可能性，但他没有充分地思考这一事实：没有十字架上的苦难，就不会有复活。要证明死亡富于收获，就必须历尽生之艰辛，必须超越死亡的限度，而不是在某种无懈可击的幻想中将其否认。唯有如此，软弱才能鼓足力量。真正的存在只能自存在的缺失中涌出,在这一信念上基督教和马克思主义是一致的。就此而论,这两种信条都和布洛赫式的必胜信念相冲突。布洛赫或许是采纳了祁克果在《致死的疾病》中的观点,认为能够被救赎的生活必须走过否定性的每一步。然而,以黑格尔式的措辞来说,很难发现他充分涉及了否定性——希望能够在毫无保障的情况下屈服于它的废墟,也能够面对整个人类的事业只是纯粹荒谬的排演这种可能性。希望如要持久且有理有据,就必须是来之不易的。然而,布洛赫的宇宙观的症结却在于,其中充斥了希望之类的东西——在这个民间传说或那个神话意象中,在晦涩难解的智慧或启迪灵感的空间构成之中,希望随处可见。

在此意义上,希望在现实中过于泛滥了;但它也太超验,和此岸世界鲜有瓜葛,尽善尽美是其终极目的。它是一种不合理性的目的;而那些邀我们去不切实际地希望的人,是让我们冒险陷入积习难改的不满。布洛赫的反思中有一种令人惊恐的非大全即空无的倾向,他嫌恶安于半饱,而近乎病态地追求饱食。在他借以吸收大量人类文化包装品的那种贪婪中,我们就能够感受到这一点。布洛赫式的想象力过分夸张到了无法自制的地步,好似最微弱的缺陷都能危及它所梦寐的完美。毫无疑问,这也是布洛赫对弗洛伊德怀有敌意的另一个原因,因为在后者看来,即便是得到了最大满足的欲望都有其不能被满足的剩余。而弗洛伊德也会在布洛赫的理想未来中发现一种无可挽回地落失的婴儿的过往。实际上,并不难把布洛赫的"完满"

(Toturn)看作某种暂时替代了那难以承受的缺失的恋物情节。在某种意义上，希望对他而言之所以珍贵，是因为它宣告了欲望的死亡。"那迫求之事，"他说，"不再无穷无尽地得不到满足。"[35] 希望留存了欲望的某种半盲性，对其所求的为何无从真知；但这也给它带来了一种肯定性的转折，并借此而阻塞了它那令人不安的缺失。它的目标不亚于"完满"，后者赋予了它足够宏大的目的；但因为这目标无所不包以至于一无具体，希望就保持了欲望的某种不确定性和它令人印象深刻的绝对性。它不应当被还原为纯粹经验性的东西，这也是布洛赫式的未来如此暧昧不明的原因。若将此未来更加切近地具体化，希望——布洛赫著作的英雄式主角——就会沦落为纯粹的尘世愿望了。而如果希望要避免和更为世俗的欲望混为一谈，就必须无能于确切地陈述其诉求。

如果说现实就是变化和发展，绝对的未来又缘何会到来呢？布洛赫认为物质永远是未完成的，但我们不当认为这意味着它可以被完成。未完成性是其本质，并不是说物质仍要完善自身，而是说如此一来它就不是物质了。那么，历史的目的又怎能和成就了它的过程相冲突呢？布洛赫写到了"那种将整个世界和尽善尽美紧密关联在一起的希望的完满"[36]，但却忽视了人类的不满足和现实的物质本质之间的关系。只有废止了物质本身，悲剧才能被超越。欲望之死也将宣告人类之死。充分的完满性的确可能存在，但却不是为了我们而存在。

第四章　以希望对抗希望

在《激进的希望》（*Radical Hope*）一书中，乔纳森·李尔（Jonathan Lear）记录了美国克劳族最后一位伟大的首领普兰提·库普斯（Plenty Coups）。他看到自己族民的生活正处于灾难性崩溃的边缘，"为了生存——甚至可能为了再度繁荣——克劳族不得不主动放弃他们对美好生活的几乎所有的理解"，虽然即便如此也不能确保一个成功的结局。[1] 克劳族受到疫病的摧残，遭其竞争者苏族（Sioux）和黑脚族（Blackfeet）的蹂躏，几乎失去了所有的水牛。在十九世纪九十年代，他们几乎丧失了三分之二的人口，最终不得不退回居留地。普兰提·库普斯在梦里收到了来自神的请求，让他接受自己族群生活方式的灭亡，仅以此让其族民争得一个好的归宿。用李尔的话说，库普斯的希望在于，"即使克劳族主体性的传统形式灭亡了，克劳族却得以存活并再次繁荣"[2]。这让人想起约伯对耶和华说的话："虽必杀我，我也将寄望于你。（Even if you kill me, I will have hope in you.)* "

经由彻底的毁灭——首领最不愿看到发生的情况,才有可能赢回美好的生活,虽然普兰提·库普斯本人对此可能意味着什么没有丝毫的了解。在他看来,希望就是要承认存在着超越可被设想的当下的可能性。在知识最难获得之处,也最需要信念和希望。"当水牛不见的时候,"普兰提·库普斯说,"我族民的心沉落了,他们一蹶不振。自那以后,什么都没有发生。"[3] 如李尔所言,克劳族失去了他们借之有可能建构起一种叙事的观念。既然那种对事件之为事件具有决定性的构架已被打碎,就没有什么可再被叙述了。然而,用李尔的话说,"克劳族主体"的灭亡,会清除其重生的地基,这样一来历史就可能会开始重演。

克劳族首领所面对的决定,是不能以现存的道德术语来循理的。唯有后来,当一种新的理解的地基自此灾难中浮现而出,他的希望的意义才可能对自己逐渐地显明。普兰提·库普斯梦到风暴将至,但它将造成的灾荒却只能回溯着去理解,并且是通过那些已经在此迫在眉睫的混乱中发生转变的观念得到理解。激进的希望,李尔写道,"对于那些拥有希望却缺少合理的观念

---

* 此句原文参见和合本《圣经·约伯记》(13:15),以及思高本《圣经·约伯记》(13:15)。ESV 英文标准版原文为:Though he slay me, I will hope in him; yet I will argue my ways to his face. 可见,伊格尔顿在此并非直引。——译者

去理解这希望的人来说，昭示着好的前景。"他解释说："文化并不倾向于历练其晚辈，以使他们去经受其崩溃。"[4] 以至于，在想象自身毁灭上的无能，通常是文化的盲点之一。借用何种可以想象的元语言，文明才能在最大程度上衡量自身的非存在（这种处境只有当它跳脱自身之外才会有确切的把握）？[5] 既然这个族群的阐释性框架已然垮塌，任何确定的希望形式都不复可能。T. S. 艾略特可能会说，这种情形下的希望无疑是寄望于错谬。正如亚伯拉罕把刀架在儿子的咽喉，普兰提·库普斯也委身于超越他把握能力的善的看法。他被抛回到我们先前所说的基本的或无条件的希望之中了。

革命性的剧变转化了它们于其中发生的解释学框架，结果便是，要充分把握它们的尝试总是必须延后。而这正为黑格尔那于暮色中起飞的密涅瓦的猫头鹰做了注脚。"如果一个民族真正处在他们生活方式的历史界限内，"李尔认为，"要'看向另一端'，他们就几乎无能为力。这恰恰是因为他们将要承受一种历史的断裂，而另一端的生活的具体样态已然超出了他们的视野范围。"[6] 马克思正是本着这样的态度开始创作《路易·波拿巴的雾月十八日》（*Eighteenth Brumaire of Louis Bonaparte*）的，他以那些自过往引出其象征性资源的革命者们为讽刺对象，而不是应和他所含糊其词提到的"未来之诗学"。如果说激进的变革是一个难以把握的概念，那是因为它需要先见和洞察力，准确性以及深思熟虑，但这一切却都是以那必然晦暗不明的目的的名义。对未来的规划难免要从当下汲取经验，所以不能超越我们的已知；除此之外，超出我们当下理解的未来如何才能达到呢？正如我们无从知道从卧室中蜂拥而过的完全陌生的生物一样，又如何能辨认和过往完全断裂的未来呢？

除此之外，普兰提·库普斯自认为他有理由寄望于一条跨越了当下和未来分界之深渊的富于尊严的道路。他恰巧是一个受洗的基督徒，认为对上帝的献身支撑了他对超出其掌控的未来的信念。可即便如此，身为十足的现实主义者，他也意识到，使克劳族的生活方式继续下去是没有必要的，就某种可以想象的结果来说灭亡倒更为可取。到头来，他的信念很好地成就了他：虽然美国政府最后归还了他们部分的土地，族群最终还是接受了保留区的生活。如爱因斯坦所言，如果一件事起初看来并不荒谬，那就毫无希望。

普兰提·库普斯的案例表明，最为真实的希望就是那种虽被剥夺了指望，却无论如何都能从毁灭之中挽回的希望。它代表了一种拒绝被放弃的不可被还原的剩余，这剩余将自身从开放性的危境中脱出，并带向那种彻底毁灭的可能性。所以，这种希望和乐观主义之间的疏离足以想见。它和布洛赫那繁荣蓬勃的宇宙保持着谨慎的距离。诚然，并不是说每一种经验主义式的希望都必须被归于此类。我们希望明天有个好天气，就不必为此而去经历什么灵魂的暗夜，阴郁地思忖着海啸的可能性。毋宁说，尤其当牵涉政治历史的时候，这种类型的希望一般说来可谓希望的范型——也就是说（自相矛盾地），这种典型的希望就是悲剧。或至少是那种悲剧，希望在其中是一个设法在大灾难中存活的问题。当然，在艺术和现实之中都有悲剧发生，两者最终都没有生出对哀伤的慰藉。纳粹集中营之后，无一繁荣。可即便如此，抛开价值感就无所谓悲剧，无论这价值是否在实际上有其果效。我们不会把自己不珍视之物的毁灭称为悲剧。如果悲剧比起悲观主义来更让人伤痛，那是因为在它的恐怖中还嵌饰着丰富的人类价值感。珍视之物原本就存在，我们更愿意与之为伴——或许我们可以只通过抛弃这种立场而超越悲剧。

如此说来，希望是在大灾灭后的留存——虽然就莎士比亚的《李尔王》而言，似乎少有留存或毫无留存。然而，"没什么"（nothing）一词在这部悲剧中不但有积极的反响，也有不详的反响。和她的姐姐贡妮芮（Goneril）和丽根（Regan）不同，当蔻迪利娅（Cordelia）在戏剧开始之际向她的父亲说出这个词时，它所标志的是一种真实性。

> 李尔：……你有什么可说的，以取得
> 比你的两个姐姐更丰盛的第三份？说吧。
> 蔻迪利娅：没什么，父亲。
> 李尔：没什么？

> **蔻迪利娅**：没什么。
>
> **李尔**：没什么就是什么都没说；重说。
>
> **蔻迪利娅**：我何其不快，无法把我的心
> 塞进我的嘴里；我爱王上
> 是依照本分，不多也不少。
>
> （第一幕，第一场）

蔻迪利娅所说的"没什么"是真实准确的：当语言已经被她那奸诈的姐姐们极尽拉伸后，她确实无计可施，不能在言语上将她们挫败。当真实的价值虚无（贡妮芮和丽根对她们父亲的爱的匮乏）充斥了所有，只有一句紧致的"没什么"能够还原某种真实的意涵。随着戏剧的进行，我们将看到，那种疗愈性的杜撰也是如此。为了疯王李尔和被欺骗的格洛斯特而出演的爱德加（Edgar）、肯特（Kent）以及那种蠢态——字谜游戏、幻想和李尔那满口谎言的女儿们借以扭曲语言的一出出即兴的戏剧，现在却是以恢复国王和他心烦意乱的朝臣的理智为名义而上演。贡妮芮和丽根视真相为无谓之物，但对蔻迪莉娅来说无谓就是真相。这个词，就像一阵悲哀的钟声回荡在戏剧开头的对白中，奏出了李尔所需要的（如果不是要破坏它的话）道德现实主义音符。

蔻迪莉娅在回答李尔的实际问话时是小心谨慎的。李尔并没有问那种能从蔻迪莉娅的回答去确证她的爱的问题，而是

(通过暗示)让蔻迪莉娅使用超出了她的姐姐们的傲慢言辞的离谱夸张的句式。在蔻迪莉娅那里,她的意思并不是说不出什么去表达她的爱,而是被她父亲那散乱无章的语境打击得哑口无言了。正是被欺骗的李尔把她多虑而准确的回答听作冷漠的表达。他对自己孩子们的无羁绊的爱,就像婴儿对父母的爱一样贪婪。他设计了一出戏,戏中女儿的话注定是无谓的。所以,他在让女儿回答的同时也禁言了她。别有用意的问题必定得到暧昧不明的答案。然而("没什么就是什么都没说"),剧情的展开也将证明李尔的道德算计是欺骗性的。相反,如要有什么最终得以浮现,也只能是通过在满是虚假的废墟之上有所作为。唯有接受自身的肉欲和虚弱,李尔才有希望去摸索着将其超越。

蔻迪莉娅小心翼翼的"没什么"和"纽带"(bond)一词的精确性是一致的。一般说来,"没什么"这个词意味着一种坚定,关乎自制和荣誉,而类似地,"纽带"则意指确定形式的爱。就如在《威尼斯商人》中,莎士比亚玩味了"纽带"一词的双重涵义——既是形式的契约,也是血缘的牵系。在她女儿精确的回答中,李尔只能看到一种逃避的沉默。他看不到这样的事实,比起听任性欲冲动或心血来潮的爱,囿于传统责任的感情更会是善始善成的。在蔻迪莉娅,依纽带对李尔的爱是她作为一个挚爱着他的女儿的爱。

蔻迪莉娅的"没什么"是有别于冗余的遁词。借此,这部戏剧深思了两种形式之间的差别。给予生命的冗余过剩的形式

（恩慈、宽恕、抛弃狭隘的功利心、认为超越了权衡的信念是人类的规范），以及那些破坏性的形式。肯特一度把自己的表达模式描述为"谦逊的真理，/既无附加，亦无删减，如实而已"（第四幕，第六场）。是蔻迪莉娅在剧幕拉开之际迫于她姐姐们的冗余而删减了自己的表达，否定了这种平衡。然而，这是一种通常很难达至的平衡，因为过剩或自我超越就其本性而言恰是人类的一种特质，它造就了那种我们称之为历史、文化或欲望的额外的决定性需求：

> 李尔：啊，别以需要来理论！乞丐再卑微，
> 在最低劣的东西上也有剩余。
> 若不让得到超出自然的需要，
> 人的命就贱如禽兽。
>
> （第二幕，第二场）

在《李尔王》中，更具破坏性的富余样态有着"过剩"一词的经济学意涵。作为肉身的第二个层面，它限制了富人对穷人的悲惨处境的感受，也由此妨碍了他们采取行动去缓和它。在李尔看来，这种形式的过剩是经济上的再分配的成熟时机：

> 赤条条的穷苦人哪，不论你们在哪里，

那无处可栖的脑袋和辘辘的饥肠，
褴褛的衣衫，如何让你们抵御
如此这般的节季？噢，我对此
太少关心！奢华之人，去治病吧，
赤裸身子去体会穷人的感受，
好把你过剩的甩给他们，
给上天更多的公道。

（第三幕，第四场）

李尔新得的和赤贫者的团结，包含了人们或可称之为虚无政治学的东西。在被迫去面对自身的脆弱性时，他得以再次投身到众议员的地位，而不再作为无依无靠者的国王。如果李尔是因环境使然而被迫经历了痛苦的自我剥夺，爱德加则是自由地窃取了它：

我会保全自己，而且决定
扮成贫穷用以羞辱人的
最卑贱最可鄙的
近乎禽兽的样貌：我要在脸上涂满污泥，
用毯子裹腰，把头发揉成乱结，
以赤身裸体去对抗
烈风和天候的迫害……

>……可怜的土里裹,苦汤姆!
>那毕竟还是个东西;爱德加我一无所是。
>
>(第二幕,第二场)

爱德加是一个十足的被驱逐者,是那种选择了自己命运的悲剧主角,他拥抱甚至模仿自己的驱逐,却(因为他是通过自由的决定而这么做)借此将之超越。就像丈夫法兰西国王眼中的蔻迪莉娅一样,他"虽处身贫贱,却极其富有"。所以,他才能够幸存至剧终,而鲜有几个主角做到了这一点。通过屈尊于约束,他的弟弟爱德蒙至少也盛极一时。但就他而言,这意味着经受自身的掠食本性。和许多莎士比亚笔下的反面角色一样,他也是个多血性的愤世嫉俗者和自然主义者。道德价值在他看来不过是约定的概念,在现实中毫无根基;自然(其中包括他自己的种种欲望)则是中立的、严格意义上不可抗拒的东西——而一旦人们知悉了它那不可变改的规律,这东西就能为其所操纵。爱德蒙认为,人们应当对这种教养和文化永远不会依附于其上的自然概念保持忠诚——这无疑是一种不合逻辑的信念,因为在自然之中不存在被如此定义的能够激发这种忠诚的东西。换句话说,与自然相一致究竟是一个事实还是一种价值,并非明确无疑。如果爱德蒙的罪恶是道德决断的结果,人们虽可钦佩他的胆识,却也能质疑这结果是否削弱了他的决定论立场;如果他不得不如其所是沦为那个道德上的无赖,他就可以高举自己的哲学,虽然我们对他的傲慢的崇拜将荡然无存。

爱德蒙自认为他能胜任一切,而唯独做不了自己。就此而言,他和蔻蒂莉亚的密切关系不无讽刺。和蔻蒂莉亚不一样的是,为了满足本性的需求,他可以掩饰自己的本性。这种能力本就是他之所是的一部分,是他不变身份的一个方面。一如动物的伪装,这是野蛮的非道德的自然容许他去造作的一种方式。伊阿古的情形也大抵如此。但贡妮芮和丽根就另当别论了,在起初的诡计过后,她们无能以最具破坏性的方式去逾越自身那杂糅的本性。虽然在对父王的阿谀奉承中,她们可以践行一种虚假的过剩,但却不能以这种纯粹的无条件为乐。和李尔一样,她们的道德算计存在缺陷,理解不了她们的父亲为何要一百个随行骑士,即使这对他来说不是绝对的需求。和蔻迪莉亚不同,她们要求的准确性是残酷、机械且非人性的。

此剧中可有什么希望?蔻迪莉亚毕竟死了,虽然在莎士比亚借以创作这个故事的所有原素材中她都活了下来,大部分其他主要角色却要么殒命,要么因受到惩罚而没落。但我们不应仅仅关注这部戏剧所谓的结局的"恐怖",仿佛希望只是一桩纯粹的目的论的事态一样。从某种意义上讲,李尔和蔻迪莉亚的死甚至可能讽刺地阻断了这样的期望,告诫我们不要把一切都押注在自己所理解的结局上。或例如,在这样一种事实中确有希望,即我们所亲见的惨淡结局绝非注定的那般。就此而言,这部戏剧本身好似并不赞同爱德蒙那野蛮的决定论。不难看出,如果李尔不是那么顽固，剧情就可能变得不同。"每一个悲剧故事中都有彻底的偶然性在作祟，"斯坦利·卡维尔（Stanley Cavell）写道。虽然这个论断不是放之四海皆准，但就李尔来说却足够正确。[7] 也许，李尔的叙事在末尾处鲜有希望，但它起初也没有任何充分的理由开始。在这个意义上，像爱德加和肯特那样经过了血雨腥风的幸存者，蛮可以声称存在着足够多（虽然不是为着他们）的希望。偶然性和非决定性或有助于孕育悲剧，在托马斯·哈代的小说中就是如此，但它们同样能够突显悲剧的无可避免。哲学家甘丹·梅亚苏（Quentin Meillassoux）眼中的被给定之物显然无端无据，却能消解虚假的必然性和伪造的悲剧宿命感。在他看来，无神论处于希望的根源，因为上帝之死标志了必然性的死以及偶然性的诞生，而只要存在偶然性，就存在希望。[8] 他说："神圣的'非存在'一词，纯明如月光。但有一人留存，希望就由之得到保障。"[9] 只要历史尚未终止，希望就存在。既然过往不同于当下，那未来也将如此。

李尔死了，不过鲜有绝望。他认定蔻迪莉亚余息尚存，这或许是种幻觉，但同样可被理解为对复活的许诺。在评论这一幕的时候，沃尔特·斯坦恩（Walter Stein）提醒我们，"基督教救赎的经典象征，本身是一具被处决了的静息的尸体"[10]。那些像李尔一样因狂妄和自私的幻想而乱离出现实的人，需要被打碎重制，需要被他们终无法脱离的肉身残余压垮；纵然没有什么能保证经历这个过程的人会全然无恙地幸存下来，这一事实却没有否定它的价值。摆脱掉一己的自欺不见得就会有起色，但在悲剧艺术中前者却通常是后者的前提。即便李尔的临终之言表达了一种虚假的希望，他的经历就此而言也好过那些出现在莎士比亚的《奥赛罗》（*Othello*）、易卜生的《建筑大师》（*Master Builder*）以及阿瑟·米勒的《推销员之死》（*Willy Loman*）中的悲剧角色。他们在赴死之时或多或少地自欺着，在这个意义上说，他们的处境比那些懊悔的和眼明心亮的人都更危险。李尔最终能够直面自己的虚假意识，谦卑地忏悔并请求宽恕，这比麦克白或朱莉小姐更让人称道。李尔和蔻迪莉亚都没能活下来的事实不足以破坏这一价值，主要角色的死也不能破坏记录下他们的诗歌的完整性。就此而言，这部戏剧本身的艺术性可经受任何批评其未经深思熟虑的论断。

我们已经看到，这部作品本身含有诸多超现实的虚构和字谜游戏；而这些，连同格洛斯特对从象征着极致的多佛悬崖上纵身跳下的幻想，在很大程度上都是服务于现实的艺术。精神错乱的君主，心烦意乱的朝臣，专业的弄臣，装傻的年轻贵族，还有一个伪装成心直口快的平民的贵族，他们共同造就了一张布满诡谲幻想的网，这张网为李尔和格洛斯特提供了他们最后借以接近真理的唯一路径。仿佛这个国王过度沉湎于错觉，以致不能正面自己的处境，只能在一群傻子和疯人的阴谋中将其消解了。当真理自身变得欺诈不正的时候，只有一种混杂了幻觉的顺势疗法才能将之还原。

借助于这些富于启发的虚构,这部戏剧隐晦地提到了它的疗愈力。悲剧通过明晰地表达主角被带至的极端处境而得以将其超越。我们会想到贝托尔特·布莱希特在《买黄铜》(*The Messingkauf Dialogues*)中所说的:"通过声音,或更好是通过语词,语言成为巨大的解放,因为它意味着受苦者开始生产什么了。他已经把自己的悲伤和对他所受打击的描述结合了起来;他已经在全然的毁灭中生产出了某种东西。他开始观察了。"[11] 罗兰·巴特(Roland Barthes)在《论拉辛》(*Sur Racine*)中写道,在悲剧中人从不会死去,因为他一直在言说。命名一场灾难就是标明其限度,赋予它一种可感的外观,如此一来——就像叶芝在《天青石雕》(Lapis Lazuli)中写到《哈姆雷特》和《李尔王》时所说——"它就不再能生长一丝一毫"。在舞台上为我们所见的李尔和哈姆雷特,不会有在舞台之外的更多的厄运。在这个意义上,这幕剧本身为它的主角的悲伤标画了一个绝对的终点,艺术本身也随即成为对它所处置的那种死亡的描绘。人们或许会说,即便如此,在尝试以符号化的形式寻求对苦难的救赎时,悲剧仍面临着削弱自身力量的危险。一旦和外观结合起来,它就会发现很难去应对偶然和无定形的存在了。

当悲剧艺术被逼向其极致时,生命要么全部休止,要么再次开始搅动。当爱德加大声惊呼"只消我们能说'这是最糟的'/就还不是最糟"时,他想到的可能性似乎应该是后者。只要灾难被给予发声的机会,它就不再是定音之锤。只是当我们不再能辨认残忍和不公时，希望才会跌倒不起。要言说无望，就必须在逻辑上预先假定希望的概念。只有当意义本身崩溃瓦解了，悲剧才不再可能；所以说，如果《李尔王》本身作为一个艺术事件而持续繁荣，它就佐证了这样一个事实，即灾难还没有发生。在塞缪尔·贝克特的作品中似乎不存在什么"最糟的情况"，因为人总可以再分裂一些，感到另一条胳膊也僵硬了起来，或更进一步地滑向衰老。这就像杰拉德·曼利·霍普金斯（Gerard Manley Hopkins），他在那暗黑的十四行诗中令人眩晕地把自己从一阵绝望的剧痛抛到另一阵剧痛，让人看不到尽头。而就贝克特而言，也不存在任何死亡和绝对的终止，语言像盲瞎的乞丐一般继续摸索着前行的道路。"如果绝望促生出言说或理性，"阿尔贝·加缪说道，"尤其是如果它导致了写作，相持互助就得以建立，自然的对象得到辩护，爱也被孕生出来。绝望的文学就其字面义来说无疑是一种矛盾。"[12]

能够谈及一场灾难，于我们而言，必定意味着其中有什么幸存了下来，哪怕只是一个悲痛欲绝的信使或者一页碎纸。普兰提·库普斯报告说，自水牛离开之后就没再发生过什么。在某种意义上，这是自相矛盾的，因为这个声明就可以被看作一个事件，无论它多么令人感到惋惜、多么贫乏，言说以及作证的能力依旧蹒跚向前。一切的终结不会有任何遗留，除了几年前那些美国福音派教徒们还计划着拍摄耶稣复临，斟酌到底哪一种物镜视角（南极洲？赤道？）会是最有效的。与此类似，对于那些经历死亡的人而言,死亡并不是一个事件,而是叙事的终点。

正如爱德加早先说到的这几句台词,

> ……最糟的,
>
> 最贱、最受命运冷落的,
>
> 总还有希望,活着没有恐惧;
>
> 可悲的变化是开始于最好,
>
> 最糟的却将再度欢笑。

(第四幕,第一场)

在某种有悖常理的意义上讲,最糟的反倒是希望的来源,它让人确信自己不会再进一步沦落。这样人们就能松弛下来,因为再多的努力也很可能于事无补。这让我们想起一个谜题,其中一人向另一个人强调说,"情况不能变得更糟了",而后者回答道,"哦,不,还可以"。他们中的哪一个是乐观主义者,哪一个又是悲观主义者呢?"如果某个人已经适应了最糟糕的处境,成了那最卑贱、最受命运冷落的人,"恩里克·维拉-马塔斯(Enrique Vila-Matas)在其小说《似是都柏林》(*Dublinesque*)中写道,"那么他就总能怀揣希望且没有恐惧地生活。"马克斯·霍克海默在《工具理性批判》(*Critique of Instrumental Reason*)中说,与其他任何思想家相比,叔本华对希望都知之更多,这恰恰是因为他遭遇了极端无望的处境。[13]在帕斯卡尔看来,我们处境的极端性是希望的一种不无讽刺的源泉,因为它暗示了我们须将何种神的恩典作为资源放于切近处以去补救希望。马尔科姆·布尔(Malcolm Bull)把穆斯林或纳粹集中营的幸存者称为"由其无望而得到救赎的人",他们不会受到希望的打击,也因此免于伤害。[14] 权力对那些不在乎其策略的人是无计可施的。像爱德加所伪装的乞丐或《量罪记》(*Measure for Measure*)中的精神病修道士一样,人们会发现那些再无可失的男女们是无所畏惧的,他们不会受到伤害,因此是危险的存在。在被逼向极致的时候,自我驱逐会翻转成一种奇特的自由,就像自虚无之中诞生了某种富足和稀有的东西。

只要语言尚在,希望就有可能;然而实际上,这并不是爱德加心中所想。他在警告仍有可能发生的不幸,预见到甚至我们表达恐怖的能力都将被剥夺的处境。索福克勒斯笔下的菲罗克忒忒斯知道,那格外反抗语言的正是痛苦。真正的悲剧会超越悲剧,像李尔打击蔻迪莉亚那样让后者木然无语。语词的灭绝是真正的灾难的题中之义。语言遭毁灭之际,希望也将荡然无存。语言的确不能通过简单地命名一种处境就将其补救,但反之必无能补救。马克思著名的《关于费尔巴哈的提纲》第十一条强调,问题不在于解释世界而在于改变世界,而似乎没有认识到前者也是后者的一个必要条件。

"唯有一事可达成,即在所有丧失中闭合并保护语言,"保罗·策兰(Paul Celan)在写到集中营时说道。"是的,语言。

除去所有，它仍是对抗丧失的保障。"[15] 然而，即便是语言，也会全然落败。它对丧失的隔离绝非无懈可击。那些亲见大屠杀的人乞求着一切言说，如此而超越了悲剧艺术的限度。相比之下，哈姆雷特和海达·高布乐（Hedda Gabler）的事业却得到了很好的呈现，因为这些角色只存在于决定性的文本类型，而大屠杀则拒绝任何诸如此类的设计。即便如此，我们也会尝试着去将爱德加所说的话里面的两层相互冲突的意思统一起来。是否可以抛却一切意义去命名一种处境，而试图在此命名中与之达成妥协呢？并非毫无可能。那些被诊断为痴呆的人，意识到他们过不了几年就将不再能连贯地表达，但依然会整合其所能，坚持下去。

抛去爱德加的疑虑不讲，在莎士比亚最后的几部戏剧中似乎不乏希望——丢失的孩子被找回，旧敌重归于好，邪恶的人终于悔改，死去的妻子奇迹般地复活，自然被描画为一种再生的力量，旧伤随着时间的流逝得到疗愈。蔻迪莉亚的死为《冬天的故事》（The Winter's Tale）中赫迈厄妮（Hermione）的复活留出了余地。然而，如果没有恩典、艺术、魔术和奇迹的帮助，在这些后续的戏剧中就可能不会有救赎。一旦历史和政治孤立无援，就似乎不可能引领人们去到新耶路撒冷。乡村、遥远的孤岛、凡夫俗子、神话和传说、自然的恢复性循环、更年轻的一代、海洋的再生力量，为了那些能够使之得获新生的资源，你必须迷失在这些境域之外。《冬天的故事》那华美而独出心裁的韵文,把丑恶的现实置于触手可及之处,将悲剧的情节风格化且致密化了。《暴风雨》(*The Tempest*)中的普洛斯彼罗(Prospero)能够击溃敌人并夺回王座,也只是因为他使用了为泰门(Timon)和毕希纳(Büchner)笔下的丹东所拒绝的超自然力量。我们倾向于将这些力量看作艺术本身的象征,然而艺术只有在特定的文本或剧场的界限内才能去调和或美化。在此意义上,被普洛斯彼罗施以魔法的人有着某种悲观,这部戏剧本身的非现实主义设定也是一样。在一个有魔力的海岛上,就像在一部虚构的作品中,我们多少可以让那些邪恶的力量自由发挥,以便主动将其掌控,但这在现实之中却远不是合理可信的。诚然,剧中不乏冲突和危险,但它们一开始就是为着以后得到解决才被抛出的。但即便如此,过往的悲剧不会被完全补救,《冬天的故事》末尾玛弥利阿斯(Mamillius)的死也无法被挽回。事实上,任何死亡都无法被撤消,甚至复活的耶稣的身体—仍带着酷刑的痕迹。

但尽管如此,最后几部喜剧的巧妙安排毕竟还是现实主义的。它们代表的不仅是艺术,还有恩典,这对于莎士比亚和其读者来说都无疑足够真实。如果说鬼神魔力和活现的雕像超出了戏剧手法,那是因为它们本就是为着更深层面的超越所设定的。莎士比亚的戏剧似乎赞颂了天主教的教义,即恩典完善本性,而非将其废黜。人性本身是无救赎可言的,但这本性却乐于自我超越。人类借以超越自身的动力,是建立于其处境之上的。这就是为何尼采对读者的劝诫——"仍要忠诚于大地，而且（不去）相信那些向你说及来世希望的人"[16]——是错误的原因。相反，正是对当下的执着才激励着人们去希冀一个改变了的未来，所以说忠诚于我们所拥有的，就是相信它会改变。

自然不能凭借一己之力超越自身，这一事实不无悲观；然而，那转变了自然的恩典却是自然本身的潜力——就像艺术在其重构的现实中有它的基础一样，在这一事实中却少有希望。艺术可以重塑现实，一如恩典能改变自然，但这现实仍是它对之施加影响的现实。波利克塞尼斯（Polixenes）在《冬天的故事》中所说的话就把握到了这种辩证关系：

> 但自然绝无被改良
> 而是生造了那改良之法，故超越于艺术，
> 你说它增益了自然，实则
> 却是为自然所造……
> 　　……这便是艺术补自然之短，
> 或者改变自然，虽说艺术本身即自然。
>
> （第四幕，第四场）

艺术作品是自然借以修饰自身变化方式的一种手法，但自然和恩典之间的关系却不然，所以在镜像和现实之间存在着偏移。恩典或隐含在人类的本性之中，但却不是后者的产物。相

反，它是超越了世俗历史边界而被赐予的神圣礼物。这两个领域之间的裂隙，势必将使任何过于天真的希望成为可能。我们不应当绝望，因为恩典并不疏异于人类；我们也不应当假定恩典的存在，因为它不是像花朵盛开那样自发的有机过程。和爱德蒙那对自然之物的晦暗看法相抵牾，莎士比亚最后的几部喜剧持有一种"伟大的创造的自然"的见解，这也是希望为何必须被适当地调和的原因。否则，人们就会低估那种必须得到救赎的邪恶，而贱买了自身的超越性。总会有像马伏里奥那样冥顽不化的灵魂，他们拒绝被卷带到喜剧的结局处，并以此提醒我们喜剧的限度。喜剧的最终解决同样可以通过在舞台上招致对其技巧的嘲讽而得到呈现。善良正直的人得到报答，恶毒的人被空手打发，这可能只是因为我们身处剧场之中。

然而，毕竟还有帕蒂塔（Perdita）所说的那种意义上的自然，它比爱德蒙或波利克塞尼斯的自然更具破坏性。当后者滥用职权去分裂剧中的年轻恋人时，帕蒂塔说道：

> 我没有那么恐惧，不止一次
> 我想坦率地对他讲，
> 那照耀他王宫庭院的同一个太阳
> 一视同仁，并没有
> 将他的容貌对我们的村社隐藏。

(第四幕，第四场)

如爱德蒙所主张，自然可能对道德上的区别一无所知，对社会层面的区分也谈不上尊重。此中有一种粗糙的平等主义，它对主导的权力结构构成了威胁。可见，这部戏剧的部分策略在于，确保为男女自然平等而发声的帕蒂塔对自己一直身为宫廷的局内人毫不知情，从而消除在将凡俗生活的常新资源引入宫廷时遭遇的危险。帕蒂塔既是一位公主，也是一个农民。让一个平民百姓去证明自己配得上贵族身份——既然她无论如何都是一个贵族，恰如其分地象征了恩典是如何在自然之中潜在地发挥作用的。

我们不能把贱买自身的超越性的错误归于祁克果。在《致死的疾病》中，绝望既得到了肯定，同样也被致以哀辞，因为通过这种方式才能以高代价换来救赎，这和某些现成的乐观主义是迥然不同的。希望的反面或许是某种表面的快活，但必定不是悲剧。"绝望，"祁克果写道，"是一种疾病，从未经历过绝望是最大的不幸，这一点确实无疑；遭遇绝望的确是受上天眷顾的，但如果人们不想被治愈，它就成了所有疾病中最危险的。"[17] 说来也奇怪，摒弃希望的能力有着无限的价值。祁克果说，自我"唯有恰好在身历绝望之际才是健康和自由的，这在上帝那里显然有其充分的根据"[18]。绝望代表了人类优于动物的能力，也因此扮演着一种幸运的罪过（felix culpa），一旦缺失，人就将被剥夺所有的精神。那些身处绝望的人渴望着自主却无法实现；这处境本身就是一种对希望的消极索引，它指向了他们无法据为己有的那种不朽的自我。为了达至真理，祁克果写道，"我们必须遭受每一种否定性；这正如老故事中所讲的破除某种魔咒一样：在剧情完全倒回重演之前，它是不会被破除的。"[19] 为了忏悔，我们"必须首先为复仇感到绝望，绝望至极，以使精神性之生命彻底突围"[20]。

从波德莱尔（Baudelaire）一直到格雷厄姆·格林（Graham Greene），我们都能找见这种熟悉的精神精英主义形式。从此观点出发，像艾略特笔下的透明人一样，大部分男人和女人都太过精神空虚，根本谈不上什么失常。如果他们和撒旦过于亲近，就可能对上帝知之甚少。只有那些被赋予了与众不同自我的人，才能认识到自我是如何根植于永恒的，但这种真正的个体性难于获得。"摧毁一个人的最可靠方式，"易卜生的《布朗德》（Brand）中的那个教堂执事说，"莫过于把他变成一个个体。"就普通的人性而言，祁克果会完全同意这个观点。和愚钝的众人不同，绝望的人至少有意识于自身的道德内在。身为多血性的形而上的存在，他们和圣人有着亲密的关系，也因此高于人们所谓的道德的中产阶级。我们或可将之称为《布莱顿硬糖》（Brighton Rock）综合症。在此意义上，无望是荣誉的一种象征。只有那些足够坚定，能够挪用他们永恒的自我，才能面对他们绝对失去的前景，并在此中展现出一种配得上救赎的精神。从这个角度来看,绝望几乎和天堂一般珍贵。祁克果没有像托马斯·曼的《浮士德博士》那样走向绝望的纯粹恐怖,而是将其视为神圣恩典的必要前奏,是精神成长的必要条件。相反,绝望是对神圣恩典来说必不可少的序曲,是精神成长的必要条件。

即便如此,祁克果还是把握了信仰和希望这两者之间的某种悲剧性矛盾。想到亚伯拉罕牺牲了以撒,祁克果说起了那些确信于自身的毁灭却仍然相信这一事实并非定论的人。"这里的矛盾在于,"他写道,"虽就人而言毁灭是确实的,却依然存在着可能性。"[21] 维克多·弗兰克尔(Viktor Frankl)的建议支持了上述不合逻辑的矛盾,他说集中营的受害者们不应失去希望,"而应保持勇气,坚信我们挣扎的无望并不会贬低希望的尊严和价值"[22]。这再一次表明,希望不仅是一桩有着目的论性质的事。失掉希望是可能的,摈弃绝望却不可能。就悲剧而言也是如此,价值不仅关乎人的命运,而更在于人和命运建立起来的关系。至少,人们总能希望他人可以从自己的困境中吸取教训。和文化或教育一样,即便我们自身被剥夺了希望,也可以把希望遗赠给后代。当圣奥古斯丁写下"希望就其目的而言仅关乎善,关乎未来,以及那怀揣希望的人"[23] 时,他在这三个方面都错了。例如说,为了失败能在未来结出某种成就,有些人就会把自己的死当作礼物献给后来人。

在《活于末日》(*Living in the End Times*)中,齐泽克

(Slavoj Žižek)引用了史坦利·库布里克（Stanley Kubrick）的电影《斯巴达克斯》中斯巴达克斯和一个海盗的交易。其中，后者问这位奴隶领袖是否意识到他的反叛是命中注定的，他和其手下是否将战斗到底，即使面对必然的失败。斯巴达克斯回答，奴隶的奋争不单是为了改善自身的处境，更是以自由的名义而进行的有原则的反抗；所以，纵然尽遭屠戮，他们的起义也不会徒然无功。相反，这奋争终将表明，他们对解放的献身是无条件的。如齐泽克所说，"不论结果如何，他们的反抗行动本身已经可被看作一种成功。"[24] 若苟活而不奋争，斯巴达克斯和他的战友们就要付出牺牲气节的代价。有时，男人和女人们为了捍卫一个让生活值得过的原则，必须赴死。比起惨淡的或合人心意的结果来，行动更攸关利害。我们不会拒绝给被困在垮塌房梁下的人递一杯水，这只是因为我们知道房子的其余部分就要砸在他的身上要了他的命。希望可以承认无可避免的失去或毁灭——这也是它不同于一些乐观主义流派的地方，而仍然拒绝屈服。用加布里埃尔·马塞尔的话说就是，我们可以保持一定程度的尊严和正直，避免精神的崩溃。我们不会愿意为敌人的胜利增光添彩，让他们因看到我们的盲目恐慌而欣喜。虽然我们可能在非绝望的意义上认为人类有其宿命，但却依然对人类精神抱持信念。"虽然一切尽失，但我们无失"或可作为拒绝放弃的箴言。正如弗里德里希·谢林（Friedrich Schelling）在写到悲剧的希望时所说，"唯一一件事尚存——知道那威胁着摧毁我们自由的是一种客观的力量，而且在我们心中带着这种坚定而确实的信念与之斗争，鼓起我们所有的自由，直至毁灭。"[25]

对瓦尔特·本雅明来说，悬置行动的结果，就意味着将一个事件从历史的连续统一中破坏出去，并借此期待自己的死亡。正是在死亡这个点上，所有的后果都不再重要——至少对我们自己来说，由此行动才得以为其自身的缘故而完成。我们应当尝试自永恒的视角看待自己的行动，像在生命的最后时刻那样去对待每一个人，将未来展开于当下，而不是（像历史主义所为）把过往展开于当下和未来。这样一来，我们就能够反讽地活着，既立于历史之中又超于历史外，做圣保罗在《哥林多前书》中所说的"用世物的，要像不用世物的"（7：31）那种人。这不仅是僧侣的立场，也是革命者特有的立场。正如西奥多·阿多诺所写，"唯一能够被可靠践行的哲学，就是努力去沉思一切，仿佛它们是自救赎的角度呈示自身一般。"[26] 总之，所有的实践都以死亡为其定局，因为它们无论好坏都不能被撤销。

所有这一切都和政治上的左派存在关联。后者很少提及这样一个问题：假使失败会怎样？不难理解左派在作此问时的紧张不安，因为它一下就让自己的成员泄了气，还给政敌送去了慰藉。在很多左派人士那里，悲观主义就其后果而言不失为思想犯罪，不亚于那些拿了钱去说服美国企业高管的励志演说家，他们让后者觉得自己是伪装的半神。"马克思主义者没有权利去悲观。"恩斯特·布洛赫写道。[27] 这是一种冷静的判断，好似在说，如果人们在或此或彼的处境之中无所作为，就是某种精神的背叛一样。带着甚至马特·雷德利都会嫉妒的精神饱满的自欺，只要有胆识去攫取，某些狂热的激进分子总会占有革命的机会。在阶级斗争最黑暗的日子里，这种聊以慰藉的虚构见证了相当多的激进分子。资本主义那令人担忧的动荡，作为对其反对者而言确实的激励被恰如其分地突出强调，但这种体制比其对手拥有更多可供支配的资源这一事实却被忽视了。

对正义社会的奋争包含了一种工具理性，但不止于此。左派将继续声讨血汗劳动和普遍失业，即使它确定资本主义仍将存在。贝托尔特·布莱希特在《致我们的后生》(An die Nachgeborenen)中说，唯不公和不反抗让他感到绝望；反抗纵然会消逝，但几个世纪来那些男女为自由而顽强抗争的事实仍不失为一种价值。恕我直言，在审判日依然存在救赎。虽然公义到头来可能不会占据上风，但致力于追求正义的生命却仍然值得赞誉。最终没有胜利却不必然是失败了，也不是说只要结果好就皆大欢喜。只有那种目的论的诱惑，才会说服我们去相信这种谬论。即使历史将堕为彻底的废墟，这灾难也只是在注定难免的意义上才谈得上令人绝望；而且即使那样，像很多悲剧的主角一样，我们也有可能在和必然的斗争中摘取价值。的确，如果我们不和必然作斗争，就不能原本地知道它如何无可避免。事实却是，灾难并没有被写进历史的进程之中，希望亦然。无论未来呈现出怎样的荒凉，它总会是不一样的未来。那导致不幸的偶然性，也能导向胜利。在亚里士多德看来，事物衰退（易变性）之因，亦为其昌盛之因。此外，一个可悲的未来，几乎必定是出自贪婪的统治阶层的少数之手，而不是作为整体的人类的作品。

尽管如此，我们也无需以过于存在主义式的术语去看待希望。真正重要的还是目标。本雅明的历史哲学，就其所有的精神智慧而言，代表了对历史进步观念的一种过激反应，这可自其文本得到理解。本雅明式的弥赛亚主义对历史极少抱持信念。如弗雷德里克·詹姆逊所评论，"在真正的革命时期，你能感受到周身发生作用的变化，却不会唤起弥赛亚；在那种意义上，弥赛亚并不意味着直接的希望，甚至可能不是对抗希望的希望；它是一类独一无二的'希望'，几乎不具有后者的标准特征，而且只繁盛于绝对无望的年代。"[28] 我们也无需自过于绝对或无条件的视角看待希望。布洛赫误以为希望是一个全有或全无的问题。根据精神分析理论，我们的欲望永远不会被解决，但这不是说我们不能与之达成和解。虽然完全没有不和谐和不满的乌托邦不会存在，可相信我们的处境将得到极大改善仍不失为清醒的现实主义态度。虽不是一切都会好起来，但一切却有可能会变得足够好。为了避免种族屠杀或终结性奴交易，我们不是必须要一个大天使团。否认这种理智的人才是幻想家，不论他们吹嘘着怎样的实用主义。我们所熟知的世界仍会存在，没有什么比这一假设更加超凡脱俗了。

然而，尽管希望无须被一般地还原到它的各种基础，但考虑到激进变革将遭受的艰难险阻，正是需要这种多样性。最终，我们还将需要神学家赫伯特·麦凯布所说的那种"从失败和苦难走向复活"[29]的希望。或如雷蒙德·威廉斯以更为世俗的话所表达的："事实是，无论直白的乌托邦的形式，还是更有保留的关于切实可行的未来之种种的纲要，都不能盛起，除非我们在必要的深度去面对现在对它们构成阻碍的分裂和冲突。"[30]歌手辛妮德·奥康纳（Sinead O'Connor）曾在一档电视访谈中说，她发觉复活远比十字架上的苦难更让人欢喜。好似说，像挑选围巾的颜色一样，我们能依据各自不同的气质去选此择彼。这正是乐观主义的典范。她没有看到，复活之所以让人满怀希望，恰是因为它所救赎的是十字架上的极大痛苦和忧伤。

据称，在三十年战争（Thirty Year's War）中堆积的尸骨[31]达到了第一次世界大战的两倍*。第二次世界大战见证了5500万人的死亡，连英国内战都灭绝了几乎半个百万的人口。在二十世纪，大约有四千万人死于战火。

我们的祖辈中有很多人实在险恶，同时代的人中也不乏此类。《圣经》描画了一个充斥着强暴、盗窃、折磨、奴役和任意杀戮的世界。古罗马人把赤裸的女人们绑在木桩上施以强暴或

---

* 本段原文如此，数字似以二十世纪的人口规模同比计算。——译者

让动物吞食；圣乔治（Saint George）被迫骑跨在刀刃上，双腿绑缚重物，遭受火烤，双脚被刺穿，被尖利的车轮碾压，头上锤进六十个钉子，而后被锯成两半。为了使其所受侮辱登峰造极，他后来又被指认为童子军运动的赞助者。据一位暴行研究者估算，十字军东征造成的死亡人数——按照所占世界人口比例——和犹太人大屠杀几乎一样。在过往的各个时代，散播流言、偷卷心菜、在安息日捡拾树棍、和父母争吵或对皇家园林发表尖刻评论，都有可能让你送命。直至晚近的时代，酷刑依然不时公开地发生且不会遭到普遍谴责，而且是有计划地公开，甚至被作为技术创造的契机。

以上并不是完全为了激发希望而做的案目。事实上，如果这种骇人的劈砍和凿挖之声被简单地归于人性，就很难看到我们的处境有何改善的前景。但此中牵涉了人性，这是毋庸置疑的。如果人类能够照此行事，就意味着人性中有此一面，那么这就是一个坏消息。好消息是，本性绝不是不受约束的，而是被历史环境所塑造，虽然后者迄今为止并没有对我们很有利。人类历史上的诸种政治大多是暴力和腐败的。美德的繁盛，很大程度上是一桩不公开的少数人的事。诗人谢默思·希尼（Seamus Heaney）在《特洛伊的治疗》（*The Cure at Troy*）中说到了那些希望和历史和谐一致的近乎奇迹的瞬间，但这两者之间的关系通常更像是无韵诗的行尾结束符。然而，这部分却是因为男人和女人们被迫生活于社会体制之下，后者孕生出匮乏、暴力以及彼此间的敌对。当马克思说,过往的整个历史如同梦魇一般重压在生者头上时,他所想到的正是这一点。而且,过往所关涉的总是远远多于当下。就像在易卜生的悲剧中,过往常常会在危急关头重压而下,粉碎那对解放的未来的期望。

在上述处境之中,男人和女人们不大会在道德上表现出最令人钦佩的一面。他们那些不为人称道的意向往往会恶化。这并不是说,只有在逃离这般压力的情况下他们才会表现得像天使一般。在普通市民中无疑会出现相当多的暴徒、施虐狂和狂热的业余拷问者。我们肮脏的表现是由我们所处的制度催生出来的,但这一事实却不会让我们完全摆脱道德的困境,因为毕竟是我们首先建构了那些制度。尽管如此,那些体面而仁慈的人还是必须要面对历史困境,躬亲去实践这些美德。在这个意义上,道德的尝试已经被操纵了。这也是为什么就原罪说而言,我们的拙劣和好斗性并不全然出于我们自身。我们的悲伤在很大程度上是体制性的,这在某种意义上是导致我们意志消沉的原因,因为体制会强大到难以改变。可尽管如此,希望仍有余地。我们并不知道,如果这些体制发生改变,我们在道德上又会变得如何华丽——或许未必如此,但我们把发现这种变化归为分内之事。那些认为人心黑暗的人,除了不成熟之外,可能不存在更多的问题。如此说来,这是好的消息;而坏消息是,没有理由认为人为的罪恶在原则上比自然的罪恶更能被医治。我们很可能找得到治愈癌症的方法,但对于凶杀就另当别论了。

悲剧的希望是极端处境中的希望。本雅明认为，进步的观念必须根植于灾难的观念。乐观主义者不能够绝望，也无能了解真正的希望，因为他否定了对这希望而言至关重要的处境。埃里克·埃里克森在思考婴儿成长的时候说，希望是"对能达到的强烈愿望的持久信念，而不顾那存在之初的无知冲动和激情"[32]。只有信赖监护者的爱，婴儿才能免于被那些邪恶的力量所挟持。在托马斯·曼的《浮士德博士》（或许是所有对恶的文学刻画中最为出色的作品）的末尾，叙事者说到了他称之为"地球上奏响的最可怕的挽歌"。那部交响乐康塔塔《浮士德博士哀歌》（*The Lamentation of Dr faustus*），是受到诅咒的艾德里安·雷弗屈恩（Adrian Leverkühn）在因和魔鬼签订契约而被拖下地狱之前最后的音乐作品。这是一部有着深刻哀恸的作品，一首"直到生命终了都不容许有慰藉、平息和变容的黑暗韵诗"。然而，叙述者问，难道不能想象"在完全的无可挽回之中可能会生发出希望来吗"？他继续说道：

> 会有希望，但却是超越无望的希望，超越绝望的希望——并非对绝望的背叛，而是那种越过了信念的奇迹。听至终了吧，和我一起聆听：一组组器乐接连褪去，随着作品在空气中消逝，余下的就只有大提琴的高音G，那最后的话语，最后微弱的声音，在极弱的延音中缓缓衰息。而后别无其他：唯寂静，还有暗夜。但那个在寂静之中颤动

的音调，一去不复返的音调，唯有精神侧耳倾听的音调，那哀恸的声音，就这样不再了。它改换了自身的意义；在黑夜中，它作为一束光而停驻。

并不是说，这曲康塔塔终止在一个震颤的富于希望的音符之上了。相反，和所有的音乐作品一样，它终止于虚无：寂静。然而，这种特别的寂静尤其能被感知，它追溯地将哀歌的最后音符转变成了一个肯定的音符，而且允许这音符在消逝的动作中从自身造就某种全新的东西。音乐的死亡，生成了一种幽灵般的余波。这曲康塔塔似乎结束了两次：一次是在现实中，在最后的音符淡去之时；再次则是在心灵中，像是某种从虚无之中神秘浮现而出的声音的纯粹幽灵。最后一个音符被感受了两次，第一次是作为生者，第二次是作为死者，但它似乎在死亡之中才最为灵动。这音符尚存之时，就像浮士德本人一样，充满了对自己即将来临的死亡的悲伤；而一旦它度入虚空，就被带着差异性重复，而再次发出改变了意义的声音。在事物消逝的事实之中，有希望，同样也有悲伤。这部小说中那着了魔的主人公，像他的康塔塔的最终音符一般，陷于生与死之间，或许也会有希望受到某种莫测高深的仁慈的眷顾。然而，他那受死亡驱使的天才，毕竟已为造福生者而孕生了一种艺术。

注释

前言

1. Raymond Williams, *The Politics of Modernism* (London, 1989), 103.

第一章 乐观主义的陈词滥调

1. 'The Art of Fiction', in *Henry James: Selected Literary Criticism*, ed. Morris Shapira (Harmondsworth, 1963), 97.

2. M. A. 博登（M. A. Boden）是极少数在一定程度上赋予乐观主义哲学尊严的学者之一。参见 'Optimism', *Philosophy* 41 (1966): 291–303。这篇论文提醒我们，虽然在现时代人们普遍不认为乐观主义有理智层面的名声，但在十八世纪却是如此。

3. 参见 Erik Erikson, *Insight and Responsibility* (New York, 1994), 118.

4. 参见 Viktor E. Frankl, *Man's Search for Meaning* (London, 2004), 140 (translation slightly amended).

5. Henry James, *Literary Criticism*, vol. 2: *European writers: Prefaces to the New York Edition* (New York, 1984), 931.

6. Walter Benjamin, *One-way Street and Other Writings* (London, 1979), 238 (translation slightly amended).

7. 参见 Gareth Stedman Jones, *Outcast London: A Study in the Relationship between Classes in Victorian Society* (Harmondsworth, 1976); 以及 Marc Angenot, *Le centenaire de la Révolution 1889* (Longueuil, 1989).

8. 有关对进步和启蒙的（非批判性）辩护，参见 Raymond Tallis, *Enemies of Promise* (Basingstoke, 1997).

9. Richard Swinburne, *The Existence of God* (Oxford, 1979), 219.

10. 参见 Kenneth Surin, *Theology and the Problem of Evil* (London, 1986), 32.

11. 甚至一些政治左派也拥护废黜未来的立场。参见 T. J. Clark, 'For a Left with No Future', *New Left Review*, no. 74 (March/April 2012).

12. Lionel Tiger, *The Biology of Hope* (London, 1979), 282.

13. Anthony Scioli and Henry B. Biller, *Hope in the Age of Anxiety* (Oxford, 2009), 325.

14. William James, *Pragmatism and Other Writings* (London, 2000), 129.

15. 参见 Gabriel Marcel, *Homo Viator* (London, 1953), 34.

16. Matt Ridley, *The Rational Optimist* (London, 2011), 353. 后续章节对此书的引用在引文后的括号内标示。

17. For Williams's treatment of the topic, 参见其 *The Country and*

the City (London, 1973), chap. 2.

18. 转引自 Josef Pieper, *Hope and History* (London, 1969), 75.

19. T. J. 克拉克（T. J. Clark）在《没有未来的左派》('For a Left with No Future', 72) 中，写到了进步主义约定论的"无止境的政治和经济空想主义"。

20. Steven Pinker, *The Better Angels of Our Nature* (London, 2011), 250.

21. Leon Trotsky, *Literature and Revolution* (New York, 1957), 254—56.

22. 参见 Walter Benjamin, 'Theses on the Philosophy of History', in *Illuminations*, ed. Hannah Arendt (London, 1999). 彼得·斯丛狄（Peter Szondi）在其自传《柏林童年》（*A Berlin Childhood*）中关注了"那些隐蕴未来的象征于其中的童年时刻"，认为它们是本雅明写作其自传的典型方法。参见 Szondi, *On Textual Understanding* (Manchester, 1986), 154.

23. 参见 Giorgio Agamben, *The Time That Remains: A Commentary on the Letter to the Romans* (Stanford, 2005), chap. 2.

24. Alain Badiou in Costas Douzinas and Slavoj Žižek, eds., *The Idea of Communism* (London, 2010), 10.

25. Antoine Compagnon, *The Five Paradoxes of Modernity* (New York, 1994), 44—45.

26. 转引自 Michael Lowy, *Fire Alarm: Walter Benjamin's 'On the Concept of History'* (London, 2005), 32.

27. 转引自 Ibid., 84.

28. Ernst Bloch, *The Principle of Hope*, translated by Neville Plaice, Stephen Plaice, and Paul Knight, 3 vols. (Cambridge, Mass., 1995), 1: 200.

29. Lowy, *Fire Alarm*, 65—66.

30. Karl Marx, *Theories of Surplus Value* (London, 1972), 134.

31. Fredric Jameson, *Marxism and Form* (Princeton, 1971), 134.

32. 转引自 Lowy, *Fire Alarm*, 31.

33. George Steiner, *The Death of Tragedy* (New York, 1961), 129.

34. Avery Dulles, 'An Apologetics of Hope', in *The Great Experiment: Essays in Hope*, ed. Joseph Whelan (New York, 1971), 134.

第二章 何谓希望?

1. George Steiner, ' "Tragedy", Reconsidered', in *Rethinking Tragedy*, ed. Rita Felski (Baltimore, 2008), 40.

2. 或可参见 Roger Scruton, *The Uses of Pessimism and the Danger of False Hope* (London, 2010).

3. Peter Geach, *The Virtues* (Cambridge, 1977), 48.

4. Rebeca Coleman and Debra Ferredy, eds., *Hope and Feminist Theory* (London, 2011), 16.

5. 参见 Raymond Williams, *Modern Tragedy* (London, 1966), 59.

6. St. Augustine, *Enchiridion: On Faith, Hope, and Love* (Washington, D. C., 1996), 8.

7. Patrick Shade, *Habits of Hope* (Nashville, 2001), 70.

8. Denys Turner, *Thomas Aquinas: A Portrait* (New Haven, 2013), 161. In his *Enchiridion*, 圣奥古斯丁认为圣爱的前提是希望, 而这两种品质的前提是信仰。

9. Erik Erikson, *Insight and Responsibility* (New York, 1994), 115 and 117.

10. 转引自 Dominic Doyle, *The Promise of Christian Humanism: Thomas Aquinas on Hope* (New York, 2011), 76. 阿奎那在此处是在日常情感的意义上谈及希望的,并不将其视为一种神学上的美德。

11. Karl Rahner, 'On the Theology of Hope', in *Theological Investigations*, vol. 10 (New York, 1977), 254.

12. 转引自 David Nokes, *Samuel Johnson: A Life* (London, 2010), 133.

13. *The Yale Edition of the Works of Samuel Johnson*, vol. 4 (New Haven, 1969), 192.

14. Robert M. Gordon, *The Structure of Emotions* (Cambridge, 1987), 85.

15. 参见 Gabriel Marcel, 'Desire and Hope', in *Existential Phenomenology*, ed. Nathaniel Lawrence and Daniel O'Connor (Englewood Cliffs, N. J., 1967), 280.

16. 参见 Colin Radford and J. M. Hinton, 'Hoping and Wishing', *Proceedings of the Aristotelian Society* 44 (1970): 78.

17. 有关这些以及其他问题的杰出研究,可参看 James L. Muyskens, *The Sufficiency of Hope* (Philadelphia, 1979).

18. 有关对不可能之事的希望,参见 J. M. O. Wheatley, 'Wishing and Hoping', *Analysis* 18, no. 6 (June 1958).

19. Paul Ricoeur, *Essays on Biblical Interpretation* (Philadelphia, 1986), 161.

20. 参见 Stan van Hooft, *Hope* (Durham, N. C., 2011), 25.

21. 参见 Robert Audi, *Rationality and Religious Commitment* (Oxford, 2011), 74.

22. Ibid.

23. Thomas Aquinas, *Summa Theologiae*, vol. 33 (London and New York, 1966), 7. 有关对阿奎那论希望的简短评述, 可参见 Hans Urs von Balthasar, *Dare We Hope 'That All Men Be Saved'?* (San Francisco, 1988), chap. 4.

24. Aquinas, *Summa Theologiae*, vol. 33, 13.

25. Ibid., 5.

26. 更多康德对希望的论述, 参看 Curtis H. Peters, *Kant's Philosophy of Hope* (New York, 1993).

27. C. Peterson and Martin E. P. Seligman, *Character Strengths and Virtues: A Handbook and Classification* (Oxford, 2004), 570.

28. 有关布洛赫的非当代性的概念, 可特别参考他的 *Heritage of Our Times* (Cambridge, 1991), part 1.

29. Ernst Bloch, *The Principle of Hope*, translated by Neville Plaice, Stephen Plaice, and Paul Knight, 3 vol. (Cambridge, Mass., 1995), 1: 188.

30. Ludwig Wittgenstein, *Philosophical Investigations* (Oxford, 1983), part2 (1), 174e.

31. 这个说法我是从西爱尔兰罗斯罗伊村的渔民口中听得的。维特根斯坦在那里待过一段时间, 据当地的传说, 他曾请求邻居们管好自家的狗, 不让它们在他写作《哲学研究》时乱叫。

32. 参见 Colin Radford, 'Hoping, Wishing and Dogs', *Inquiry* 13 (Spring 1970): 100—103.

33. 转引自 Jürgen Moltmann, *Theology of Hope* (London, 1967), 35.

34. Jürgen Moltmann, 'Hoping and Planning', *Cross Currents* 18, no. 3 (Summer 1989): 310.

35. Moltmann, *Theology of Hope*, 16.

36. Wolfhart Pannenberg, 'The God of Hope', *Cross Currents* 18, no. 3 (Summer 1989): 289 and 290.

37. Paul Ricoeur, 'Hope and the Structure of Philosophical Systems', *Proceedings of the American Catholic Philosophical Association* 44 (1970): 60.

38. Nicholas Boyle, *Who Are We Now?* (Notre Dame, Ind., 1998), 178.

39. 参见 Aristotle, *Rhetoric* (Cambridge, Mass., 1994), 117—18.

40. John Locke, *An Essay Concerning Human Understanding* (New York, 1959), 2: 9.

41. 参见 David Hume, *A Treatise of Human Nature* (Oxford, 1958), 438.

42. 参见 J. Day, 'Hope', *American Philosophical Quarterly* 6, no. 2 (April 1969).

43. Hooft, *Hope*, 16.

44. Jayne M. Waterworth, *A philosophical Analysis of Hope* (London, 2004), 54.

45. 参见 Day, 'Hope', 98.

46. Aquinas, *Summa Theologiae*, vol. 33, 3.

47. John Stuart Mill, *Theism* (New York, 1957), 163.

48. Martin Luther, *What Luther Says* (St. Louis, 1959), 668.

49. Alain Badiou, *Saint Paul: The Foundation of Universalism* (Stanford, 2003), 93.

50. 有关这一点的探讨，参见 Rudolf Bultmann and Karl Heinrich Rengsdorf, *Hope* (London, 1963), 4—5.

51. Turner, *Thomas Aquinas*, 175.

52. Waterworth, *A Philosophical Analysis of Hope*, 74.

53. Hooft, *Hope*, 102.

54. Gabriel Marcel, *Homo Viator: Introduction to a Metaphysic of Hope* (London, 1951), 32. 后续章节对此书的引用将标注于括号内。

55. Josef Pieper, *On Hope* (San Francisco, 1986), 38.

56. Wayne Hudson, *The Marxist Philosophy of Ernst Bloch* (London, 1982), 108.

57. Gabriel Marcel, *The Philosophy of Existentialism* (New York, 1995), 28.

58. Andrew Benjamin, *Present Hope: Philosophy, Architecture, Judaism* (London, 1997), 128.

56. Ibid., 125.

60. 达伦·韦伯（Darren Webb）区分了有特殊对象的希望和更宽泛意义上的有着开放形式的希望，后者或许就是"充满希望"所传达的意思。参见 'Modes of Hoping', *History of the Human Sciences* 20, no. 3 (2007).

61. Immanuel Kant, *Religion within the Limits of Reason Alone* (New York, 1960), 159–160. Curtis H. Peters 认为，希望的观念对康德的思想而言远比通常所认为的更为核心，在他看来是宗教哲学主要的主题。参见其 *Kant's Philosophy of Hope* (New York, 1993).

62. 在说到美国的外交政策时，拉姆斯菲尔德区分了我们所知道自己知道的事、知道我们所不知道的事以及不知道我们不知道的事，但却避而不谈更进一步的组合：我们知道却不知道我们知道的事，后者关乎意识形态理论。

63. 有关基督教的希望的晦涩性，参见 Louis Dupré, 'Hope and Transcendence', in *The Great Experiment: Essays in Hope*, ed. Joseph P. Whelan (New York, 1971), 219.

64. Eric Fromm, *The Revolution of Hope* (New York, 1968), 13.

65. Fredric Jameson, *Marxism and Form* (Princeton, 1971), 155.

66. 参见 Ludwig Feuerbach, *The Essence of Christianity* (New York, 1957), 236.

67. 弗洛姆没能充分地把握信念和希望之间的关系，他认为希望是"伴随着信念的心境"。参见 *The Revolution of Hope*, 15.

68. Raymond Williams, *Culture and Society*, *1780 − 1950* (Harmondsworth, 1985), 320.

69. Rahner, 'On the Theology of Hope', 257.

70. Ibid., 258.

71. Moltmann, *Theology of Hope*, 22.

72. John Macquarrie, *Christian Hope* (London, 1978), 27. 如需对希望神学作有益的综观，可参看 Reuben A. Alves, *A Theology of Human Hope* (St. Meinrad, Ind., 1972).

73. 转引自 Bultmann and Rengsdorf, *Hope*, 17.

74. Søren Kierkegaard, *The Sickness Unto Death* (Harmondsworth, 1989), 92.

75. Gabriel Marcel, *Being and Having* (New York, 1965), 91.

76. Joseph J. Godfrey, *A Philosophy of Human Hope* (Dordrecht, 1987), 3 and 34.

77. John Gray, *Straw Dogs* (London, 2002), 151.

78. Day, 'Hope', 98−99.

79. Kierkegaard, *The Sickness Unto Death*, 48.

80. 对此处境更多的论述，详见 Terry Eagleton, *On Evil* (New Haven, 2010).

81. Kierkegaard, *The Sickness Unto Death*, 105.

82. Ibid., 88.

83. Ibid., 64.

84. 或参见 Bernard Dauenhauer, 'Hope and Politics, *Philosophy Today* 30 (Summer 1986): 93.

85. 参见 Antoine-Nicolas de Condorcet, *Sketch for a Historical Picture of the Progress of the Human Mind* (London, 1955), 173.

86. 参见 Badiou, *Saint Paul*, 15.

87. Jean-Luc Nancy, *Adoration: The Deconstruction of Christianity II* (New York, 2013), 88.

88. 转引自 Balthasar, *Dare We Hope?*, 87.

89. Ricoeur, 'Hope and the Structure of Philosophical Systems', 64.

90. Nicholas Lash, *A Matter of Hope: A Theologian's Reflections on the Thought of Karl Marx* (Notre Dame, Ind., 1982), 62.

91. C. S. Pierce, *Collected Papers* (Cambridge, Mass., 1965), 357.

92. Bultmann and Rengsdorf, *Hope*, 13.

93. Aquinas, *Summa Theologiae*, Vol. 33, 161. 这位评论者是匿名。有关阿奎那论希望的学术性论文，可参看 Walter M. Conlon, OP, 'The Certitude of Hope (Part 1)', The *Thomist* 10, no. 1 (January 1947).

94. Shade, *Habits of Hope*, 70.

95. Erwin James, in the *Guardian* (Manchester), July 8, 2013.

96. Cicero, *On the Good Life* (London, 1971), 61.

97. Seneca, *Moral Essays* (Cambridge, Mass., 2006), 2: 215.

98. Arthur Schopenhauer, *The World as Will and Representation* (New York, 1969), 1: 87.

第三章 希望之哲学家

1. Jürgen Habermas, 'Ernst Bloch-A Marxist Romantic', *Salmagundi*, nos. 10–11 (Fall 1969–Winter 1970): 316 (译文有修改)。

2. Ernst Bloch, *The Principle of Hope*, translated by Neville Plaice, Stephen Plaice, and Paul Knight, 3 vol. (Cambridge, Mass., 1995), 1: 303 (须承认此处翻译的表达有些许生硬)。

3. 转引自 David Miller, 'A Marxist Poetic', in *The Privatization of Hope: Ernst Bloch and the Future of Utopia*, ed. Peter Thompson and Slavoj Žižek (Durham, N. C., 2013), 204.

4. Vincent Geoghegan, *Ernst Bloch* (London, 1996), 4. 有关布洛赫的斯大林主义，参看 Oskar Negt, 'Ernst Bloch-The German Philosopher of the October Revolution', *New German Critique*, no. 4 (Winter 1975); 以及 Jan Robert Bloch, 'How Can We Understand the Bends in the Upright Gait?', *New German Critique*, no. 35 (Fall 1988).

5. Habermas, 'Ernst Bloch', 322.

6. Perry Anderson, *Considerations on Western Marxism* (London, 1976), chap. 1.

7. Habermas, 'Ernst Bloch', 319–320.

8. Leszek Kołakowski, *Main Currents of Marxism*, vol. 2: *The Breakdown* (Oxford, 1978), 421.

9. Douglas Kellner and Harry O'Hara, 'Utopia and Marxism in Ernst Bloch', *New German Critique*, no. 9 (Fall 1976): 16.

10. 政治哲学家罗纳德·阿伦森（Ronald Aronson）就持此论点。参见 Geoghegan, *Ernst Bloch*, 45.

11. Bloch, *The Principle of Hope*, 1: 198.

12. Ibid., 1: 336.

13. Ibid., 1: 238.

14. Ibid., 1: 196.

15. Wayne Hudson, *The Marxist Philosophy of Ernst Bloch* (London, 1982), 95.

16. Ibid., 157.

17. 一项被忽视的对哈代的高度原创性的研究，参见 Roy Morrell, *Thomas Hardy: The Will and the Way* (Kuala Lumpur, 1965).

18. Bloch, *The Principle of Hope*, 1: 235.

19. 参见 Terry Eagleton, *On Evil* (London, 2010), chap. 2.

20. 在 S. H. Rigdy, *Marxism and History* (Manchester, 1987) 中，这一论题得到了很好的探讨。

21. Fredric Jameson, *Marxism and Form* (Princeton, 1971), 133. 此处，詹姆逊对布洛赫的观点是公开赞成还是间接表示尚不明晰，但值得指出的是，他对自己的著作显然缺乏批判。

22. Habermas, 'Ernst Bloch', 312.

23. Jameson, *Marxism and Form*, 41.

24. Bloch, *The Principle of Hope*, 1: 285.

25. Kołakowski, *Main Currents of Marxism*, vol. 2, 446.

26. 汤姆·莫伊伦（Tom Moylan）在 'Bloch against Bloch: The Theological Reception of *Das Prinzip Hoffnung* and the Liberatoin of the Utopian Function', in *Not Yet: Reconsidering Ernst Bloch*, ed. Jamie Owen Daniel and Tom Moylan (London, 1977) 中探究了布洛赫思想中的线性和非线性的历史时间。值得注意的是，这一颇具价值的论文集却没能收集到一篇对所论及对象的主要批评。近期的另一部论文集，Thompson 和 Žižek 的《希望的私有化》（*Privatization of Hope*）也是

如此。

27. Bloch, *The Principle of Hope*, 1: 3.
28. Ibid., 3: 1358.
29. Ibid., 3: 311.
30. Ibid., 3: 312.
31. Ibid., 3: 309.
32. Ibid.
33. Ibid., 1: 1173.
34. Ibid., 3: 1182.
35. Ibid., 1: 288.
36. Ibid., 3: 1192.

第四章 以希望对抗希望

1. Jonathan Lear, *Radical Hope* (Cambridge, Mass., 2006), 92.
2. Ibid., 97.
3. Ibid., 2.
4. Ibid., 83.
5. Ibid., 101.
6. Ibid., 76.
7. Stanley Cavell, *Disowning Knowledge in Seven Plays of Shakespeare* (Cambridge, 2003), 112.
8. 参见 Quentin Meillassoux, *After Finitude* (London, 2008).
9. 转引自 Graham Harmon, *Quentin Meillassoux: Philosophy in the Making* (Edinburgh, 2011), 121.
10. Walter Stein, *Criticism as Dialogue* (Cambridge, 1969), 144.

11. Bertolt Brecht, *The Messingkauf Dialogues*, translated by John Willett (London, 1965), 47.

12. 转引自 Raymond Williams, *Modern Tragedy* (London, 1966), 176.

13. Horkheimer quoted by Michael Lowy, *Fire Alarm: Walter Benjamin's 'On the Concept of History'* (London, 2005), 83.

14. Malcolm Bull, *Anti-Nietzsche* (London, 2009), 123.

15. Paul Celan, *Collected Prose* (Manchester, 1986), 34.

16. Friedrich Nietzsche, *The Portable Nietzsche*, ed. Walter Kaufmann (New York, 1982), 125.

17. Søren Kierkegaard, *The Sickness Unto Death* (Harmondsworth, 1989), 56.

18. Ibid., 60.

19. Ibid., 74.

20. Ibid., 91.

21. Ibid., 70.

22. Viktor E. Frankl, *Man's Search for Meaning* (London, 2004), 71.

23. St. Augustine, *Enchiridion: On Faith, Hope, and Love* (Washington, D. C., 1996), 8. 如果第一点的"善"是指"那希望之人的欲求"的话，那么奥古斯丁无疑是对的。

24. Slavoj Žižek, *Living in the End Times* (London, 2010), xiv-xv.

25. 转引自 Peter Szondi, *An Essay on the Tragic* (Stanford, 2002), 8.

26. Theodor Adorno, *Minima Moralia* (London, 1974), 227.

27. 转引自 Peter Thompson and Slavoj Žižek, eds., *The Privatiza-*

tion of Hope: Ernst Bloch and the Future of Utopia (Durham, N. C., 2013), 91.

28. 转引自 Alberto Toscano, *Fanaticism* (London, 2010), 244.

29. Herbert McCabe, *Hope* (London, 1987), 15.

30. Raymond Williams, *The Politics of Modernism* (London, 1989), 104.

31. 参见 Steven Pinker, *The Better Angels of Our Nature* (London, 2011), chap. 2. 平克的书是我在此引述的各种历史事件的来源。

32. Erick Erikson, *Insight and Responsibility* (New York, 1994), 118.

索引

Abraham 亚伯拉罕，49，65，72，81，113，129

Adorno, Theodor 西奥多·阿多诺，5，91，92，131

Aeneid (Virgil) 维吉尔《埃涅阿斯记》，86

Aeschylus 埃斯库罗斯，39-40，45

Agamben, Giorgio 乔吉奥·阿甘本，28

Althusser, Louis 路易·阿尔都塞，79，92

Anderson, Perry 佩里·安德森，90，92，94

'An die Nachgeborenen' (Brecht) 布莱希特《致我们的后生》，132

animals, hope in 动物，希望，53-54

Antony and Cleopatra (Shakespeare) 莎士比亚《安东尼和克莉奥佩特拉》，87，88-89

apocalypticism，28，38

Aquinas, Thomas 托马斯·阿奎那：on discomfort of hope 阿奎那论希望的不安，52；on false aspirations 阿奎那论虚假的愿望，60；on goodness of Being 阿奎那论存在的善，76；on hope and certainty 阿奎那论希望和确定性，82-83；on hope as future-oriented 阿奎那论希望的未来导向，50，51；on hope as virtue 阿奎那论作为美德的希望，58；on hope in animals 阿奎那论动物的希望, 54; on hope struggling to attain future good, 84 阿奎那论达至未来之善的希望; on hoping for the impossible 阿奎那论对不可能之事的希望, 50; scepticism regarding hope 有关希望的怀疑论, 43; on the theological virtues 阿奎那论神学上的美德, 41-42, 57; on *voluntas* 阿奎那论"意愿", 61

Aristotle 亚里士多德, 51, 55, 86, 98, 132

art 艺术, 13, 32, 52, 104, 125-26

'Art of Fiction, The' (James) 詹姆斯《小说的艺术》, 1

artworks 艺术作品, 13, 32, 52

ataraxy 心平气和, 86

atheism 无神论, 13, 98, 100, 120

Audi, Robert 罗伯特·奥迪, 49

Augustine, St 圣奥古斯丁, 41, 51, 58, 83, 129-30

Austen, Jane 简·奥斯汀, 14, 82

Auster, Paul 保罗·奥斯特, 46-47

Badiou, Alain 阿兰·巴迪欧, 28-29, 38, 59, 80

Barthes, Roland 罗兰·巴特, 122

Baudelaire, Charles 夏尔·波德莱尔, 128

Beckett, Samuel 塞缪尔·贝克特, 95, 122

Benjamin, Andrew 安德鲁·本杰明, 65

Benjamin, Walter 瓦尔特·本雅明: on Angel of History 本雅明论历史的天使, 31, 34; aphoristic style of 本雅明的格言风格, 91; on artworks 本雅明论艺术作品, 33; on belief that history is on our side 本雅明论历史站在我们一方的信念, 100; considers himself beyond redemption in the present 本雅明认为他自己超越了当下的救赎, 29-30; on hastening arrival of the Messiah 本雅明论弥赛亚加速到临, 30

-31; on historical immanence of hope 本雅明论希望的历史内在性, 33-34; on Kant's vision of unending progress 本雅明论康德的无止境进步的观念, 32; leftist historicism opposed by 本雅明反对的左派历史主义, 37, 106; on meaning of the past 本雅明论过往的意义, 32-33; Messianism of 本雅明的弥赛亚主义, 96, 132; on nostalgia 本雅明论乡愁, 33; pessimism of 本雅明的悲观主义, 5-6; on progress 本雅明论进步, 5-6, 132-33, 136; on suspending the fruits of action 本雅明论悬置行动的结果, 131; *Theses on the Philosophy of History*《历史哲学论纲》, 28; on tradition 本雅明论传统, 28; tragic tenor of Marxism of 本雅明的马克思主义的悲剧性, 107; on transience of history 本雅明论历史的无常, 96; on universal history 本雅明论普世史, 30

Bergson, Henri 亨利·柏格森, 95

Better Angels of Our Nature, *The* (Pinker) 平克《我们本性中更好的天使》, 22

Biology of Hope, *The* (Tiger) 泰格《希望生物学》, 10-11

Birth of Tragedy, *The* (Nietzsche) 尼采《悲剧的诞生》, 5

Blake, William 威廉·布莱克, 101

Blindness (Saramago) 萨拉马戈《失明症漫记》, 14

Bloch, Ernst 恩斯特·布洛赫, 90-111; atheism of 布洛赫的无神论, 100; authentic hope contrasted with that of 与其形成对比的真正的希望, 115; on change as desirable in itself 布洛赫论本身值得被希求的变化, 96-97; cheerfulness of 布洛赫的欢欣, 94-95; conceptual obesity of 布洛赫的概念的臃肿, 93-94; contempt for the empirical 布洛赫对经验主义的鄙夷, 104-5; on death 布洛赫论死亡, 109-10; on desire 布洛赫论欲望, 101-2, 110-11; on *docta spes* 布洛赫论已知的希望, 61; and false aspirations 布洛赫与虚假的愿望, 60; on freedom 布洛赫论自由, 91, 94; on Freud 布洛赫论弗洛伊德, 106, 110; on happy present as pledge for the future 布洛赫论作为对未来之许诺的幸福的当下, 53; Hegelianism of 布洛赫的黑格尔主义, 109; on hope 布洛赫论希望, 55, 58, 95, 97, 99, 100, 103, 105-11, 133; interests of 布洛赫的兴趣, 93; on Lawrence 布洛赫论劳伦斯, 67; Marxism of 布洛赫的马克思主义, 90, 92-95, 98, 99, 106; on matter as perpetually unfinished 布洛赫论永未完成的物质, 111; nonsynchronous vision of history of 布洛赫的非同步性的历史视角, 106-7; on the not-yet-conscious 布洛赫论尚未意识, 52; on past history 布洛赫论过往历史, 108; perfectibilism of 布洛赫的至臻完美主义, 7-8, 98-101; on performative hope 论述行式的希望, 84; on pessimism and Marxism 论悲观主义和马克思主义, 131; as philosopher of hope 布洛赫作为希望之哲学家, 90; on present moment as elusive 布洛赫论流变的当下, 67-68; *The Principle of Hope*《希望的原理》, 61, 67, 90, 92-93, 94, 101, 107, 108, 109; on progress 布洛赫论进步, 98-99, 101, 108; on purposiveness of reality 布洛赫论现实的目的性, 98-101; as Romantic vitalist 布洛赫作为浪漫派的生机论者, 96; *The Spirit of Utopia*《乌托邦精神》, 92; as Stalinist 布洛赫作为斯大林主义者, 91-92, 94, 105; on still undischarged future of the past 布洛赫论仍未被偿清的未来, 32; style of 布洛赫的风格, 90-91; on the superstructure 布洛赫论上层建筑, 103; theodicy of 布洛赫的神正论, 105, 108-9; on what we hope for as ultimately unknown 布洛赫论作为彻底未知的我们的希望, 65; on world as it exists as not true 布洛赫论就其本身而言并不真实的世界, 104

Bonaventure, St. 圣文笃, 80

Boyle, Nicholas 尼古拉斯·博伊尔, 55

Brand (Ibsen) 易卜生《布朗德》, 129

Brecht, Bertolt 贝托尔特·布莱希特, 71, 105, 121-22, 132

Brighton Rock syndrome《布莱顿硬糖》综合征，129
Brontë, Charlotte 夏洛特·勃朗特，12
Brontë, Emily 艾米莉·勃朗特，12
Büchner, Georg 格奥尔格·毕希纳，8，98，125
Bull, Malcolm 马尔科姆·布尔，124
Bultmann, Rudolf 鲁道夫·布尔特曼，82
Bush, George W. 乔治·W. 布什，11
Byron, Lord 拜伦勋爵，43

Camus, Albert 阿尔贝·加缪，86，122-23
capitalism 资本主义：fascism associated with 资本主义与法西斯主义相关，103；financial crisis of early twentieth century 二十世纪初经济危机，70-71；hope declines in 资本主义中希望的衰落，9-10；instability of 资本主义的不稳定性，132；Marx on injustice of 马克思论其不公正，35；in modern progress 现代进程中的资本主义，15-17；mutability of 资本主义的易变性，96；Ridley's optimism regarding 雷德利对其所持的乐观主义，16，18-22；trust in financial system 资本主义对其经济体制的信心，19
Cavell, Stanley 斯坦利·卡维尔，120
Celan, Paul 保罗·策兰，124
certainty, hope and 希望和确定性，78-84
charity 仁爱，39，41-42，68
cheerfulness 欢欣（鼓舞）：in American culture 美国文化中的欢欣，10；as banal 乏味的欢欣，12；callow 不谙世事的欢欣，128；contingency and；偶然性和欢欣，21；excessive 过度的欢欣，95；as moral evasion 欢欣作为道德的借口，11；Nietzsche on two types of 尼采论两种欢欣，5；as not obligatory 并非作为义务的欢欣，59；temperamental 反

复无常的欣欢，3，56

Chekhov, Anton 安东·契诃夫，44，73

Christianity 基督教：on authentic existence 基督教论本真的存在，110；breaks link between hope and progress 基督教打破希望和进步之间的关联，27；cannot blot disease and despair from historical record 基督教不能从历史中抹去疾病和绝望，23；Council of Trent 特伦托会议，83；on despair 基督教论绝望，72；determinism of 基督教的决定论，83；as eschatology 基督教作为来世论，54；on faith and certainty 基督教论信仰与确定性，81，83；on faith and hope 基督教论信念和确定性，42；as gloomy about present but hopeful about future 基督教对当下悲观而对未来满怀希望，7；as habitually hopeful 习惯性地满怀希望的基督教，59；on hope and certainty 基督教论希望和确定性，79；on hope and joyful anticipation 基督教论希望和喜乐的期待，53，82；on hope as built into the cosmos 基督教论建构于宇宙之中的希望，100；hope for salvation 救赎的希望，45；hope grounded in 基于基督教的希望，40；on hope stretching beyond the human 基督教论延伸到人类之外的希望，74；in Lear's *Radical Hope* 李尔《激进的希望》中的基督教，114；on the Messiah having arrived 基督教论已然降临的弥赛亚，30；misunderstood by secular liberals 为世俗自由主义者所误解的基督教，24；Nicene Creed《尼西亚信经》，80；obscurity of object of hope of 基督教的希望的对象的晦涩性，65；Providence doctrine 天意教条，99-100；as tragedy 作为悲剧的基督教，36-38. *See also* Messiah 另参见弥赛亚；resurrection 复活

Cicero 西塞罗，86

City of Glass（Auster）奥斯特《玻璃城》，46-47

Clarissa（Richardson）理查生《克拉丽莎》，12，13

classicism 古典主义，6

climate change 气候变化，22

Clinton, Bill 比尔·克林顿，42

Colebrook, Claire 克莱尔·科尔布鲁克，40

commercial humanism 商业人本主义，24-25

communism 共产主义：Bloch and 布洛赫与共产主义，95，99，105；does not cancel horrors of class society 共产主义不会消弭阶级社会的恐怖，37；Marx and 马克思与共产主义，102，103

Communist Manifesto, The (Marx and Engels) 马克思与恩格斯《共产党宣言》，17，96

Compagnon, Antoine 安托万·贡巴尼翁，29

Comte, Auguste 奥古斯特·孔德，8

Condorcet, Marquis de 马奎斯·德·孔多塞，79

Confederacy of Dunces, A (Toole) 图尔《笨蛋联盟》，6

conservatism 保守主义：hopes of 保守主义的希望，96；optimism associated with 与保守主义相关的乐观主义，4-5；pessimism associated with 与保守主义相关的悲观主义，6-7；religious 宗教的保守主义，83；of Ridley 雷德利的保守主义，24

contingency 偶然性：Bloch's imagination takes account of 布洛赫的想象力所考量的偶然性，91；God knows the world in its 上帝就其偶然性而了解世界，78-79；Messiah's absence as not contingent 弥赛亚的缺席并非偶然，28；optimism excludes 乐观主义排除偶然性，12；possibility of failure in 偶然性中的失败可能性，21；in tragedy 悲剧中的偶然性，120

Corinthians, First Epistle to the《哥林多前书》，131

Coriolanus (Shakespeare) 莎士比亚《科里奥兰纳斯》，69

Council of Trent 特伦多会议，83

credulity 轻信，39

Danton's Death (Buchner) 毕希纳《丹东之死》, 8, 125

Day, J. P. J. P. 戴, 75

dead, the 死亡: as beyond hope 死亡作为对希望的超越, 23, 49; Bloch on death 布洛赫论死亡, 109-10; death drive 死亡的驱力, 89; investing them with new meaning 赋予其新意义的研究, 33; Kierkegaard on death 祁克果论死亡, 76; reclaiming them in memory 记忆中复生死者, 36; revolutionary historiographers retrieve them from oblivion 革命性的史学家将其从遗忘中挽回, 29; Stoic living death 斯多葛的向死而生, 86; suicide 自杀, 17, 73-74

Death of a Salesman (Miller) 米勒《推销员之死》, 47, 121

Death of Tragedy, The (Steiner) 斯坦纳《悲剧之死》, 36

deism 自然神论, 8, 9

Derrida, Jacques 雅克·德里达, 64, 65, 80, 81

Descartes, René 勒内·笛卡尔, 55, 57

desire 欲望: Bloch on 布洛赫论欲望, 101-2, 110-11; expression/blockage model of 欲望的表达/阻断模式, 101-2; Freud on 弗洛伊德论欲望, 50, 101, 102, 105-6; gratifying 满足欲望, 87; hope and 希望与欲望, 41, 47-54, 59-60, 62-63, 70; as incurable 无可疗愈的欲望, 133; as performative 述行式的欲望, 84; reeducating 再教育, 101

despair 绝望: absolute 绝对的绝望, 71, 72, 73; certitude in 确信于绝望, 82; desperation distinguished from 区别于绝望的绝望处境, 75; grace and 恩典与绝望, 126; versus hopelessness 绝望相比于无望, 75, 76, 85; hope likened to 希望与绝望作比, 44; Kierkegaard on 祁克果论绝望, 76-78, 128-29; literature of 关于绝望的文学, 122-23; losing 失去绝望, 129; negates hope but not desire 否性希望而非

欲望，59；as negative index of hope 作为希望的消极索引，128；optimism underestimates 乐观主义低估了绝望，12，136；passive aspect of hope and 希望的消极方面与绝望，69；presumption compared with 傲慢与绝望作比，83-84；in Shakespeare's *King Lear* 莎士比亚《李尔王》中的绝望，120；suicide and 自杀与绝望，73；teleology and 目的论和绝望，132

Dialects of Nature (Engels) 恩格斯《自然辨证法》，98

Dickens, Charles 查尔斯·狄更斯，3-4，13

Doctor Faustus (Mann) 托马斯·曼《浮士德博士》，129，136-37

Doctor Faustus (Marlowe) 马洛《浮士德博士》，40

Donne, John 约翰·多恩，87

Dostoevsky, Fyodor 费奥多·陀思妥耶夫斯基，17

Dublinesque (Vila-Matas)，维拉-马塔斯《似是都柏林》123

Dulles, Aver 埃福里·杜勒斯 y，37

Ecce Homo (Nietzsche) 尼采《瞧，这个人!》，5

Ecclesiastes, Book of《传道书》，12

Eighteenth Brumaire of Louis Bonaparte (Marx) 马克思《路易·波拿巴的雾月十八日》，114

Eliot, T. S.　T. S. 艾略特，7，39，66，113，128

Enchiridion (Augustine) 奥古斯丁《信·望·爱手册》，41

Endgame (Beckett) 贝克特《终局》，95

Engels, Friedrich 弗里德里希·恩格斯，98

Epicurus 伊壁鸠鲁，70，109

Erikson, Erik 埃里克·埃里克森，2，43，136

eschatology 来世论，54-55

eschaton 末世，27，28，94

Essay on Man（Pope）蒲伯《人论》，8，42-43

eternity 永恒：Benjamin on bringing it about here and now 本雅明论将其带至当下，34；Bloch on present moment and 布洛赫论当下和永恒，67；living intensely as prefiguring 预知永恒而奋力生存，88-89；mistaking the infinite for the eternal 将无限错认为永恒，34；seeing one's acts from standpoint of 自永恒视角看待人们的所为，131；the self as grounded in 根植于永恒的自我，129

Euripides 欧里庇得斯，43

evil 恶：hope as 希望之为恶，44，87；human created 人类创造了恶，136；in Mann's *Doctor Faustus* 托马斯·曼《浮士德博士》中的恶，136；progress for resolving problem of 解决恶的问题的进步，9；radical 激进的恶，99；reality of 恶的现实，101；theodicy 神正论，8-9，34，35-36，105，108-9

faith 信仰：credulity as corollary of 作为信仰之必然的确信，39；as discrepant 信仰作为差异性，48；faith-based politics 基于信仰的政治，11；hope and 希望与信仰，41-42，49，68；in humanity 对人性的信念，37；knowledge and 知识与信仰，78，81-82，112；as open to doubt 向怀疑敞开的信仰，64；paradox of 信仰的矛盾，129；Paul on 保罗论信仰，66；as trust 信仰作为信任，80

Far from the Madding Crowd（Hardy）托马斯·哈代《远离尘嚣》，78

fascism 法西斯主义，96，103

fatalism 宿命论：Benjamin identifies belief in historical immanence of hope with 本雅明将希望的历史内在性信念视为宿命论，33-34；despair and 绝望与宿命论，75；optimism and pessimism as forms of 作为宿命论形式的乐观主义和悲观主义，3；optimistic 乐观的宿命论，7-8；Ridley as fatalist 作为宿命论者的雷德利，26

feminism 女性主义, 40, 82

Fitzgerald, F. Scott F. 斯科特·菲茨杰拉德, 45 – 47

Four Quartets (Eliot) 艾略特《四个四重奏》, 66

Frankl, Viktor 维克多·弗兰克尔, 129

Franz Joseph, Emperor 弗朗茨·约瑟夫一世, 12

freedom 自由 *See* liberty (freedom) 参见：自由

Freud, Sigmund 西格蒙德·弗洛伊德: Bloch on 布洛赫论弗洛伊德, 106, 110; on desire 弗洛伊德论欲望, 50, 101, 102, 105 – 6; on false consciousnes 弗洛伊德论虚假的意识 s, 43; on fantasy 弗洛伊德论幻想, 13; sober unvarnished truth of 弗洛伊德的审慎质朴的真理, 5

Fromm, Eric 埃里克·弗洛姆, 67

Future of an Illusion, *The* (Freud) 弗洛伊德《幻觉的未来》, 43

Geach, Peter 彼得·吉奇, 40, 41

glass half full or half empty 半满或半空的玻璃杯, 2 – 3

grace 恩典: Aquinas on 阿奎那论恩典, 82; in Christian doctrine of Providence 基督教天意原则中的恩典, 100; hopelessness suggests 无望暗示了恩典, 124; human nature and 人性与恩典, 37; Kierkegaard on despair and 祁克果论绝望和恩典, 129; nature transfi gured b 由恩典改变的人性 y, 126 – 27; in Shakespeare's *King Lear* 莎士比亚《李尔王》中的恩典, 117; in Shakespeare's last comedies 莎士比亚最后几部喜剧中的恩典, 125, 126 – 27, 128

Gramsci, Antonio 安东尼奥·葛兰西, 61, 92

Gray, John 约翰·格雷, 74

Great Expectations (Dickens) 狄更斯《远大前程》, 13

Great Gatsby, *The* (Fitzgerald) 菲茨杰拉德《了不起的盖茨比》, 45 – 47

Greene, Graham, 格雷厄姆·格林 128

Habermas, Jürgen 尤尔根·哈贝马斯, 90, 91, 92, 98, 103

Hamlet (Shakespeare) 莎士比亚《哈姆雷特》, 122, 124

happiness 幸福, 12, 44, 45, 51, 78

Hardy, Thomas 托马斯·哈代: contingency and indeterminacy and tragedy in works of 哈代作品中的偶然性、不确定性和悲剧, 120; on faith sinking to hope 哈代论堕落到希望的信仰, 78; *Far from the Madding Crowd*《远离尘嚣》, 78; *Jude the Obscure*《无名的裘德》, 13; Stoicism in work of 哈代著作中的斯多葛主义, 85; *Tess of the d'Urbervilles*《德伯家的苔丝》, 13; tragedy in novels of 哈代小说中的悲剧, 12, 13; on universe as not an agent 哈代论不作为主体的宇宙, 100

Heaney, Seamus 谢默斯·希尼, 135

Hebrews, Epistle to the《希伯来书》, 65

Hedda Gabler (Ibsen) 易卜生《海达·高布乐》, 124

Hegel, Georg Wilhelm Friedrich 格奥尔格·威廉·弗里德里希·黑格尔: Bloch's Hegelianism 布洛赫的黑格尔主义, 109; *Geist* of 黑格尔的精神, 95; Marxism influenced by 受黑格尔影响的马克思主义, 92, 94; on the negative 黑格尔论否定, 110; on Owl of Minerva 黑格尔论密涅瓦的猫头鹰, 113; philosophy of reminiscence of 黑格尔的哲学的余烬, 55; Ridley compared with 黑格尔相比于雷德利, 25

Heidegger, Martin 马丁·海德格尔, 66, 78, 90, 92

historicism 历史主义: Benjamin's opposition to leftist 本雅明对左派的反对, 37-38, 106; of deism 自然神论的历史主义, 9; Messianic time and 弥赛亚时间和历史主义, 31; preoccupation with hope bound up with 对和历史主义相关的希望的关注, 54; of Ridley 雷德利的历史主义, 25; standpoint of eternity versus 与历史主义相对的永恒的立

场，131

history 历史: authentic hope as paradigm for 作为历史范型的真正的希望, 115; Benjamin on meaning of the past 本雅明论过往的意义, 32-33; Benjamin's Angel of History 本雅明的历史的天使, 31, 34; Bloch's vision of 布洛赫的历史观, 106-7; cyclical theories of 历史的循环理论, 107; as dead for progressivism 对进步主义而言了无生机的历史, 32; end of 历史的终结, 34, 71, 113; the *eschaton* and 末世与历史, 28; immanentism 内在论, 37-38; Kant's vision of unending progress and 康德无尽之进步的观念与历史, 31-32; Marx on past 马克思论过往, 108, 135; Marx's view of 马克思对历史的看法, 102-3; the Messiah breaks it off 弥赛亚骤然打断了历史, 27-28; as on our side 站在我们一方的历史, 100-101; secular 世俗的历史, 28, 33, 127; teleology 目的论, 28, 34, 132; universal 普世史, 30

Hobbes, Thomas 托马斯·霍布斯, 48, 60

Homo Viator (Marcel) 马塞尔《人类旅客》, 62, 63, 64

Hooft, Stan van, 斯坦·凡·霍夫特 48, 56

hope 希望: abandoning 摒弃希望, 86, 87, 128; as abandonment of self 作为对自我的摒弃, 68-69; absolute 绝对的希望, 63, 64, 65, 70; adjectives associated with 与希望相关的形容词, 39; as affirmative 积极的希望, 60; in agency 主体中的希望, 62; atheism and 无神论与希望, 120; authentic 真正的希望, 3, 114-15; Benjamin on belief in historical immanence of, 本雅明论对希望的历史内在性的信念 33-34; Bloch on 布洛赫论希望, 55, 58, 95, 97, 99, 100, 103, 105-11, 133; built-in human capacities for 人类固有的希望的能力, 34; 'but not for us' "但并不属于我们", 73; can acknowledge loss 能够接受失败, 130-31; can be cultivated 能够被培养, 58; certainty and 确定性与希望, 78-84; Christianity breaks link between progress and 基督教

打破了进步和希望之间的联结，27；as contentless 空洞的希望，64；the dead as beyond 超越希望的死亡，23；deciding to 决意去希望，70；declines in capitalism 在资本主义中衰落，9‐10；deep optimism as form of 作为希望之形式的深度乐观主义，12；desire and 欲望与希望，41，47‐54，59‐60，62‐63，70；despair as negative 绝望之为否定的希望；index of 希望的索引，128；dictionary definition of 希望的字典定义，80；as disposition rather than experience 希望作为倾向而非经验，57‐59；as emotion 希望作为情感，55‐58；and events of our epoch 希望和我们时代的事件，40‐41；faith and 信仰与希望，41‐42，49，68；false 虚假的希望，12，39，40，87，121；as fetishism of the future 希望作为对未来的盲目崇拜，44；in Fitzgerald's *The Great Gatsby* 菲茨杰拉德《了不起的盖茨比》中的希望，45‐47；as force in constitution of the future 希望作为未来之建构中的力量，84‐85；fundamental 根本的希望，65，71‐75；genuine 真正的希望，38，57，136；grounded in Christianity 根植于基督教之中的希望，40；high 极大的，2，85；historicism bound up with preoccupation with 密切关注希望的历史主义，54；humility and 谦卑与希望，69‐70；as ideology 希望作为意识形态，64，70；as illusion 希望作为幻想，43‐47；in immanentism 内在论的希望，37；for the impossible 希望不可能的事，48，49，50；as indignity 希望作为侮辱，39；in something versus for something 寄希望相对于希求，47；interplay of presence and absence in 希望中在场和缺席的相互作用，53，61；Samuel Johnson on 塞缪尔·约翰逊论希望，41，44‐45；in Kantian system 康德思想体系中的希望，8；Kierkegaard on 祁克果论希望，77；knowledge and 知识与希望，78‐84，112；language and possibility of 语言与希望的可能性，124；in Lear's *Radical Hope* 李尔《激进的希望》中的希望，112‐15；left's suspicion of 左派对希望的质疑，40；as legacy 希望作为遗产，129‐30；

looks to the future 看向未来, 51-53; losing, 失去希望 129; love likened to 爱相比于希望, 3, 47, 68; Marcel on 马塞尔论希望, 47, 48, 62-65, 72; in Marxism 马克思主义中的希望, 38; as most needed when the situation is starkest 希望作为在最严酷的情境中最需要的, 5; as naive 幼稚的希望, 39; in Nicene Creed《尼西亚信经》中的希望, 80; optimalism has no need of 最优主义不需要希望, 4; optimism and 乐观主义和希望, 1, 2, 4, 5; paradox of 希望的矛盾, 129; passive aspect of 希望的消极方面, 69; the past furnishes resources of, 32; Paul on 保罗论希望, 65, 66; as performative 希望作为述行语, 84-85; as permanent revolution 希望作为永久的革命, 69; premodern views of 对希望的前现代看法, 43; radical 激进的希望, 113; as rational desire 希望作为理性的欲望, 51, 59-60; realised 实现了的希望, 49-50; for salvation 对救赎的希望, 45; self-delusion and 自欺与希望, 39; 'springs eternal' "生发永恒", 42-43; suicide as matter of 自杀作为希望的问题, 74; as theological virtue 希望作为神学上的美德, 39, 41-42; Tiger on biology of 泰格论希望之生理学, 10-11; tragedy spurns social 悲剧藐视社会希望, 40; tragic 悲剧的希望, 33, 130, 136; trust and 信任与希望, 41, 43, 51, 59, 66, 68, 72, 82; unconditional form of 希望之无条件的形式, 71; unreasonable 不切实际的希望, 48-49; as a virtue 希望作为美德, 57-59; what is it? 何谓希望, 39-89; as what survives general ruin 作为大灾难后留存的希望, 115

Hope and History (Pieper) 皮珀《希望与历史》, 71-72

Hope in the Age of Anxiety (Scioli and Biller) 西奥里和比勒《焦虑时代的希望》, 11

hopelessness 无望: absolute 绝对的无望, 133; acting positively in hopeless situations 在无望的处境中积极地作为, 61; versus despair 无望相

对于绝望，75，76，85；feminism and 女性主义与无望，40；hope presupposed by 被无望预设的希望，122；as source of hope 无望作为希望之源，123-24；wishlessness and 无愿与无望，48

Hopkins, Gerard Manley 杰拉德·曼利·霍普金斯，122

Horkheimer, Max 马克斯·霍克海默，29，36，123

Hudson Wayne 韦恩·哈德逊，97，98

humanism, commercial 商业人本主义，24-25

human nature 人性，24-25，135

Hume, David 大卫·休谟，55，60

Ibsen, Henrik 亨里克·易卜生，121，129

Iceman Cometh, *The* (O'Neill 奥尼尔《送冰的人来了》)，87

immanentism 内在论，37-38

James, Henry 亨利·詹姆斯，1，4

James, William 威廉·詹姆斯，11

Jameson, Fredric 弗雷德里克·詹姆逊，36，68，103，104，132

Johnson, Samuel 塞缪尔·约翰逊，20，41，43，44-45

Joyce, James 詹姆斯·乔伊斯，107

Jude the Obscure (Hardy) 哈代《无名的裘德》，13

Judgment Day 审判日，28，29，132

justice 正义：in historical time 历史时间中的正义，28；Jewish promise of 犹太教对正义的许诺，65；a life devoted to pursuit of 献身于正义追求的生命，132；Marx on injustice of capitalism 马克思论资本主义的非正义，35；in profane history 世俗历史中的正义，34；reclaiming the dead in memory 在记忆中复生死者，36

Kafka, Franz 弗朗茨·卡夫卡, 72-73

Kant, Immanuel 伊曼努尔·康德: on hope as motive for virtue 康德论作为美德动机的希望, 84; on hope in God 康德论对上帝的希望, 42; perfectibilism of 康德的至臻完美主义, 8; on rationally justified hope 康德论得到理性辩护的希望, 51; on trusting without knowing 康德论无知而信, 65-66; on unending progress 康德论无止境的进步, 31-32, 34; vision of history of 康德对历史的愿景, 55; 'What may I hope for?' "我能希望什么?", 70

Keats, John 约翰·济慈, 66-67

Kierkegaard, Søren 索伦·祁克果: on despair 祁克果论绝望, 71, 75-78, 128-29; on faith and charity 祁克果论信仰与仁慈, 41; on hope 祁克果论希望, 43; on redeemable life 祁克果论可救赎的生活, 110; *Repetition* 《重复》, 43; *The Sickness Unto Death* 《致死的疾病》, 41, 75, 110, 128

King Lear (Shakespeare) 莎士比亚《李尔王》, 69, 115-25

knowledge 知识: faith and hope needed where it's hard to come by 在知识难于达至之处需要信仰和希望, 112; hope and 希望与知识, 78-84

Kołakowski, Leszek 莱斯泽克·科瓦柯夫斯基, 92, 104

Kraus, Karl 卡尔·克劳斯, 46

Kubrick, Stanley 斯坦利·库布里克, 130

Kundera, Milan 米兰·昆德拉, 33

Lacan, Jacques 雅克·拉康, 63

language 语言: possibility of hope and 希望的可能性与语言, 124; temporal structure of hope involves 希望的时间结构包含着语言, 53-54

Lash, Nicholas 尼古拉斯·拉什, 81

Lawrence, D. H. D. H. 劳伦斯, 67, 68, 74

Lear, Jonathan 乔纳森·李尔，112-15, 123

Lec, Stanisław 斯坦尼斯拉夫·勒克，17

Leibniz, Gottfried Wilhelm 戈特福里德·威廉·莱布尼茨，66, 79

Leopard, *The* (Tomasi di Lampedusa) 托马西·迪·兰佩杜萨《豹子》，86

Leviathan (Hobbes) 霍布斯《利维坦》，48

liberalism 自由主义：Christianity misunderstood by secular liberals 被世俗自由主义者误解的基督教，24；Marxists and Christians compared with 马克思主义者和基督徒与自由主义相比，7；optimism associated with 与自由主义相关的乐观主义，6

liberty (freedom) 自由：Bloch on 布洛赫论自由，91, 94；intrinsic value of struggle for 为自由而奋斗的内在价值，132；Jewish promise of 犹太教对自由的许诺，65；Marx on costs of 马克思论自由的代价，16, 35；mistrust of fate of 对自由的命运的不信任，6；nondeterministic universe 非决定论的宇宙，78-79；personal versus social 个人自由对社会自由，25-26；prosperity associated with 与自由相关的繁荣，15；rebellion of Spartacus for 斯巴达克斯奋求自由的反抗，130；Schelling on threats to 谢林论自由面临的威胁，130-31；self-dispossession and 自我驱逐与自由，124

Little Dorrit (Dickens) 狄更斯《小杜丽》，13

Living in the End Times (Žižek) 齐泽克《活于末日》，130

Locke, John 约翰·洛克，55

Lorenz, Konrad 康拉德·洛伦茨，21

love 爱：hope likened to 与爱相比的希望，3, 47, 68；as theological virtue 爱作为神学上的美德，41-42

Lowy, Michael 迈克尔·罗伊，33

Luther, Martin 马丁·路德，54, 59, 71

Macbeth (Shakespeare) 莎士比亚《麦克白》, 69, 71, 121

Macquarrie, John 约翰·麦奎利, 69

Mann, Thomas 托马斯·曼, 129, 136-37

Marcel, Gabriel 加布里埃尔·马塞尔: on active waiting 马塞尔论积极的等待, 66; on deep optimism 马塞尔论极度乐观主义, 12; on despair 马塞尔论绝望, 73; on going to pieces 马塞尔论崩溃, 130; *Homo Viator*《人类旅客》, 62, 63, 64; on hope 马塞尔论希望, 47, 48, 62-65, 72

Marlowe, Christopher 克里斯多夫·马洛, 40

Martin Chuzzlewit (Dickens) 狄更斯《马丁·瞿述伟》, 3-4

Marx, Karl 卡尔·马克思: Benjamin recasts his view of history 本雅明重铸了他的历史观, 30; on capitalism and modern progress 马克思论资本主义和现代进步, 15-17, 18; on changing the world rather than interpreting it 马克思论改变世界而非解释世界, 124; *The Communist Manifesto*《共产党宣言》, 17, 96; on desire 马克思论欲望, 102; faith in unfolding of productive forces 对生产力发展的信念, 25; on history 马克思论历史, 102-3; materialism of 马克思的唯物主义, 99; on past history 马克思论过往历史, 108, 135; on poetry of the future 马克思论未来之诗学, 114; on progress 马克思论进步, 34-36; on unfolding of history 马克思论历史的演进, 95-96. *See also* Marxism 也参见：马克思主义

Marxism 马克思主义: on authentic existence 马克思主义论真正的存在, 110; of Bloch 布洛赫的马克思主义, 90, 92-95, 98, 99, 106; determinism of 马克思主义的决定论, 83; Eurocentric bias of 马克思主义的欧洲中心主义偏见, 93; on fascism 马克思主义论法西斯主义, 103; as gloomy about the present but hopeful about the future 对当下悲观

而对未来满怀希望, 7; openness to non-Marxist thought of Western 对西方非马克思主义思想的敞开, 92; pessimism and 悲观主义与马克思主义, 131; on progress 马克思主义论进步, 34-36, 96; proto-马克思主义的理论原型, 94; struggle and determinism of 斗争和马克思主义决定论, 8; as tragedy 马克思主义作为悲剧, 36-38, 107-8. *See also* socialism 也参见: 社会主义

Master Builder (Ibsen) 易卜生《建筑大师》, 121

McCabe, Herbert 赫伯特·麦凯布, 133

Measure for Measure (Shakespeare) 莎士比亚《量罪记》, 124

'Meditations in Time of Civil War' (Yeats) 叶芝《内战时期的沉思》, 87-88

Meillassoux, Quentin 甘丹·美亚索, 120

Melville, Herman 赫尔曼·梅尔维尔, 47

Merchant of Venice, The (Shakespeare) 莎士比亚《威尼斯商人》, 117

Messiah 弥赛亚, 27-31; arrival of 弥赛亚的降临, 64, 73; Benjamin's Messianism 本雅明的弥赛亚主义, 96, 132; Bloch's Messianism 布洛赫的弥赛亚主义, 92; Messianic time 弥赛亚时间, 28, 31, 33-34; Paul's confidence in 保罗对弥赛亚的信心, 79

Messingkauf Dialogues, The (Brecht) 布莱希特《买黄铜》, 121-22

Middlemarch (Eliot), 艾略特《米德尔马契》12-13

Mill, John Stuart 约翰·斯图尔特·密尔, 42, 57

Miller, Arthur 亚瑟·米勒, 47, 121

Mill on the Floss, The (Eliot) 艾略特《弗洛斯河上的磨坊》, 12

Milton, John 约翰·弥尔顿, 98, 100

Miss Julie (Strindberg) 斯特林堡《朱莉小姐》, 121

Moby-Dick (Melville) 梅尔维尔《白鲸》, 47

Moltmann, Jürgen 尤尔根·莫特曼, 54, 69

Myth of Sisyphus, The (Camus) 加缪《西西弗斯神话》, 86

Nancy, Jean-Luc 让-吕克·南希, 80
Nicene Creed《尼西亚信经》, 80
Nietzsche, Friedrich 弗里德里希·尼采: on cheerfulness 尼采论快乐, 5; on false consciousness 尼采论虚假的意识, 43; on future redeeming past 尼采论未来救赎过去, 31; on labour and culture, 尼采论劳动与文化 9; as philosopher of power 尼采作为权力之哲学家, 90; on remaining faithful to the earth 尼采论仍旧忠于大地, 126; on the *übermensch* 尼采论超人, 31
noble savage, myth of 高贵蛮族的神话, 15
nostalgia 乡愁, 33, 39
novel, the, calamitous endings rare in 小说鲜有灾难性的结局, 12-14
nuclear war 核战争, 17-18, 20, 21, 22

O'Connor, Sinead 辛妮德·奥康纳, 133
'Ode to a Nightingale' (Keats) 济慈《夜莺颂》, 66-67
On Aggression (Lorenz) 洛伦茨《论侵略》, 21
O'Neill, Eugene 尤金·奥尼尔, 87
'On the Death of Dr. Robert Levet' (Johnson) 约翰逊《论罗伯特·莱维特之死》, 45
optimalism 最优主义, 4
optimism 乐观主义: authentic hope contrasted with 与乐观主义相比真正的希望, 3, 114-15; as baseless 没有根据的乐观主义, 1; belief in progress of 对乐观主义进步的信念, 4; as blind to nuance and distinction 乐观主义对色差视而不见, 12; bordering on mental illness 乐观主义近似于精神疾病, 11; cannot acknowledge loss 乐观主义不能承认

失败，130；conservatism associated with 与乐观主义相关的保守主义，4-5；cosmic 宇宙论的乐观主义，9，79；deep 极度的乐观主义，12；despair underestimated by 被乐观主义低估的绝望，12，136；as egoism 乐观主义作为自我主义，3-4；extravagant forms of 乐观主义的各种夸张形式，8-9；fundamental hope distinguished from 与乐观主义相区别的根本的希望，72；Gramsci on will and 葛兰西论意志与乐观主义，61；hope and temperamental 希望与喜怒无常的乐观主义，5；hope as more a matter of belief than 希望更是一种信念而非乐观主义，1；hope as not a question of 希望不是一个乐观主义的问题，38；the hopeful individual compared with the optimist 与乐观主义者相比的满怀希望的个体，58；in immanentism 内在论中的乐观主义，37；as not just having high hopes 乐观主义不只拥有极大的希望，2；obstacles under-estimated by 被乐观主义低估的艰难阻碍，11-12；optimalism contrasted with 与乐观主义相比的最优主义，4；optimists cannot despair 乐观主义者不能绝望，136；pathological 病态的乐观主义，82；pessimism likened to 与乐观主义作比的悲观主义，2；pragmatic 实用主义的乐观主义，1；as primordial stance 乐观主义作为原始的姿态，1-2；professional 专业的乐观主义，1，2；quintessence of 乐观主义的精华，133-34；as quirk of temperament 乐观主义作为性情的怪癖，2-3；Ridley's rational 雷德利的理性的乐观主义，14-27；as self-sustaining 自我维系的乐观主义，1-2，3；in United States 乐观主义在美国，10-11；as worldview 乐观主义作为世界观，6-7

Oresteia（Aeschylus）埃斯库罗斯的《俄瑞斯忒斯》，39-40

original sin 原罪，136

Othello（Shakespeare）莎士比亚《奥赛罗》，119，121

Pandora 潘多拉，44

Pannenberg, Wolfhart 沃尔夫哈特·潘能博格, 54-55

Pascal, Blaise 布莱斯·帕斯卡尔, 43, 123-24

Paul, St 圣保罗: on attending to the future 圣保罗论致力于未来, 54; on dealing with the world as if you had no dealings with the world 圣保罗论用世物的要像不用世物的, 131; on hope and certainty 圣保罗论希望与确定性, 66, 79, 82, 83; on hope and desire 圣保罗论希望与欲望, 51; on hope reaching beyond the veil 圣保罗论希望达至死后的未知, 65; on seeing through a glass darkly 圣保罗论透过模糊的窗子观见, 91

Peirce, C. S. C. S. 皮尔士, 82

perfectibilism 至臻完美主义, 7-8, 98-101

perfectibility 可臻完美性, 9, 46-47

Persuasion (Austen) 奥斯丁《劝导》, 82

pessimism 悲观主义: of Benjamin 本雅明的悲观主义, 5-6; as blind to nuance and distinction 悲观主义对差别无所察觉, 12; Gramsci on intellect and 葛兰西论知识分子与悲观主义, 61; in nature's inability to transcend itself 悲观主义在人性超越自身的无能中, 126; optimism likened to 与悲观主义作比的乐观主义, 2; political left and; 政治左派与悲观主义, 131-32; as political standpoint 悲观主义作为政治立场, 40; reality associated with 与悲观主义相关的现实, 11; as self-sustaining 作为自我维系的悲观主义, 3; as suspicious of efforts at improvement 悲观主义对改革的努力持怀疑态度, 4; tragedy cuts deeper than 悲剧比悲观主义更让人伤痛, 115; in United States 悲观主义在美国, 10; as unrealistic 非现实的悲观主义, 40; as worldview 悲观主义作为世界观, 6-7

Philoctetes (Sophocles) 索福克勒斯《菲罗克忒忒斯》, 87, 124

Philo of Alexandria 亚历山德里亚的斐洛, 53

Pieper, Josef 约瑟夫·皮珀, 62, 71-72, 83-84

Pinker, Steven 史蒂文·平克, 22

Plato 柏拉图, 43, 86, 96

pleroma 丰富性, 89, 94, 105

Pope, Alexander 亚历山大·蒲柏, 8, 42-43

Popper, Karl 卡尔·波普尔, 81

postmodernism 后现代主义, 3, 7, 75, 76, 80

Poverty of Historicism, *The* (Popper) 波普尔《历史主义的贫困》, 81

Pride and Prejudice (Austen) 奥斯丁《傲慢与偏见》, 14

Principle of Hope, *The* (Bloch) 布洛赫《希望的原理》, 61, 67, 90, 92-93, 94, 101, 107, 108, 109

progress 进步: all moments devalued in ideology of 所有时刻都在进步的意识形态中遭到贬损, 31; benighted past contrasted with luminous future 蒙昧的过去和更为光明的未来, 24; Benjamin's distrust of 本雅明对进步的不信任, 5-6, 132-33, 136; Bloch on 布洛赫论进步, 98-99, 101, 108; bourgeois progressivism 资产阶级进步主义, 31, 83; capitalism in modern 现代的资本主义, 15-17; China might take up torch of 中国将薪传进步的火炬, 19; Christianity breaks link between hope and 基督教打破了希望与进步之间的关联, 27; history as dead in progressivism 进步主义中死寂的历史, 32; as indubitable in history 在历史中不容置疑的进步, 7; Kant on unending 康德论无止境的进步, 31-32, 34; Marxist view of 马克思主义者对进步的看法, 34-36, 96; Messianic time as at odds with doctrine of 与进步教条相左的弥赛亚时间, 33-34; muted claims for 被缄默的对进步的诉求, 22; naive progressivism 幼稚的进步主义, 20; nuclear war versus 与进步相对的核战争, 17; optimists tend to believe in 乐观主义者倾向于相信进步, 4; versus Progress 进步相对于进化, 7, 25; for resolving problem of evil 进步对于解决恶的问题，9；seen as inexorable 被视为无可阻挡的进步，25

Prometheus Bound（Aeschylus），埃斯库罗斯《被缚的普罗米修斯》45

Prometheus Unbound（Shelley）雪莱《解放了的普罗米修斯》，84

promising 许诺，52，55

Proust, Marcel 马塞尔·普鲁斯特，33，68

psychoanalysis 精神分析，62，63，66，101，106，133

Radical Hope（Lear），李尔《激进的希望》112-15，123

Rahner, Karl 卡尔·拉纳，44，68-69

Rainbow, The（Lawrence）劳伦斯《虹》，67

Rasselas（Johnson），约翰逊《拉塞拉斯》45

Rational Optimist, The（Ridley）雷德利《理性乐观派》*See* Ridley, Matt 参见：马特·雷德利

redemption 救赎：in apocalypticism 启示论中的救赎，38；Benjamin on his own 本雅明论其自身的救赎，29；contemplating things from standpoint of 自救赎的立场沉思一切，131；at end versus at heart of history 在历史的终结处相比于在历史的核心处，34；in Hebrew notion of truth 希伯来真理观念中的救赎，54；Kafka's hope 'but not for us' and 卡夫卡的"并不属于我们"的希望与救赎，73；Kierkegaard on redeemable life 祁克果论可被救赎的生活，110；must involve resurrection 救赎必须牵涉复活，109；progress confused with 与救赎相混淆的进步，27；redemptive monotony 救赎的单调，87；rejecting possibility of 拒斥救赎的可能性，72；in Shakespeare's *King Lear* 莎士比亚《李尔王》中的救赎，120；in Shakespeare's last comedies 莎士比亚最后几部喜剧中的救赎，125；in Shakespeare's tragedies 莎士比亚悲剧中的救赎，40

Religion Within the Limits of Reason Alone（Kant）康德《单纯理性限度内的宗教》，65 - 66

Rengsdorf, Karl Heinrich 卡尔·海因里希·伦斯朵夫，82

Repetition（Kierkegaard）祁克果《重复》，43

Republic（Plato）柏拉图《理想国》，86

resignation 听之任之，85 - 87

resurrection 复活：Christian hopefulness and promise of 基督教对复活的希望和许诺，59；does not cancel the crucifixion 复活并不会撤销十字架受难，37，133 - 34；as hopeful 有希望的复活，133 - 34；of Jesus 耶稣的复活，59，83，100；in Nicene Creed《尼西亚信经》中的复活，80；ordinary hopes and 世俗的希望与复活，40；redemption involves 救赎牵涉复活，109；in Shakespeare's *King Lear* 莎士比亚《李尔王》中的复活，120；in Shakespeare's last comedies 莎士比亚最后几部喜剧中的复活，125；as 'sure and certain' 确而其实的复活，82；utopian hopes and 乌托邦式的希望与复活，69

Richardson, Samuel 塞缪尔·理查生，12，13

Ricoeur, Paul 保罗·利科，48，55，80 - 81

Ridley, Matt 马特·雷德利，14 - 27；on Christianity 雷德利论基督教，24；commercial humanism of 雷德利的商业人本主义，24 - 25；as fatalist 雷德利作为宿命论者，26；on human nature as constant 雷德利论具有一贯性的人性，24；on innovation 雷德利论创新，20；on market forces 雷德利论市场的力量，16，18 - 22；on modern progress 雷德利论现代进步，15；at Northern Rock bank 雷德利在北岩银行，18；and nuclear war 雷德利和核战争，17 - 18；on progress as inexorable 雷德利论势不可当的进步，25，34；and self-deception 雷德利和自欺，131

Romans, Epistle to the《使徒书》，51

Romanticism 浪漫主义, 6, 60, 85, 96, 101, 105

rose-tinted glasses, seeing the world through, 自玫瑰色的镜片看世界 2, 8

Rumsfeld, Donald 唐纳德·拉姆斯菲尔德, 66

Ryle, Gilbert 吉尔伯特·赖尔, 56-57

Saramago, José 若泽·萨拉马戈, 14, 71

Sartre, Jean-Paul 让-保罗·萨特, 43-44, 92

Schelling, Friedrich 弗里德里希·谢林, 98, 130-31

Schopenhauer, Arthur 阿图尔·叔本华, 43, 44, 74, 87, 123

Schopenhauer as Educator (Nietzsche) 尼采《作为教育家的叔本华》, 5

Sebald, W. G. W. G. 塞巴尔德, 49

self-delusion 自欺, 39

Seneca 塞内加, 87

sentimentalism 感伤主义: charity lapses into 仁爱退为感伤, 39; optimism likened to 与感伤主义作比的乐观主义, 4

Shakespeare, William 威廉·莎士比亚: *Antony and Cleopatra*《安东尼和克莉奥佩特拉》, 87, 88-89; *Coriolanus*《科里奥兰纳斯》, 69; *Hamlet*《哈姆雷特》, 122, 124; *King Lear*《李尔王》, 69, 115-25; last comedies of 莎士比亚的最后几部喜剧, 125-27; *Macbeth*《麦克白》, 69, 71, 121; *Measure for Measure*《量罪记》, 124; *Othello* 奥赛罗, 119, 121; *The Tempest*《暴风雨》, 125; tragedies of 莎士比亚的悲剧, 39-40; *Twelfth Night*《第十二夜》, 127; villains of 莎士比亚笔下的反派人物, 69, 119; *The Winter's Tale*《冬天的故事》, 88, 125-28

Shelley, Percy Bysshe 珀西·比希·雪莱, 84

Sickness Unto Death, The (Kierkegaard) 祁克果《致死的疾病》, 41,

75，110，128

socialism 社会主义：as disastrous in practice 社会主义之为实践中的灾难，16；immanentism and 内在论与社会主义，38；Marx on 马克思论社会主义，35，36；scientific 科学社会主义，79，81-82. *See also* Communism 也参见：共产主义

Sophocles 索福克勒斯，87，124

Spartacus (Kubrick) 库布里克《斯巴达克斯》，130

Specters of Marx (Derrida) 德里达《马克思的幽灵》，80

Spencer, Herbert 赫伯特·斯宾塞，8，25，97

Spinoza, Benedict 班尼迪克·斯宾诺莎，78，85-86，92

Spirit of Utopia, The (Bloch) 布洛赫《乌托邦精神》，92

Stein, Walter 沃尔特·斯坦因，120

Steiner, George 乔治·斯坦纳，36-37，39-40

Stoics 斯多葛派，69，85，86-87

suicide 自杀，17，73-74

surrealism 超现实主义，6，101

Swinburne, Richard 理查德·斯温伯恩，8

Teilhard de Chardin, Pierre 德日进，98

teleology 目的论：Benjamin's Angel of Death and 本雅明的死亡天使与目的论，34；in Bloch's thought 布洛赫思想中的目的论，99，106；hope and 希望与目的论，53，129；not succeeding in the end versus 最终没有成功相比于目的论，132；relationship between history and *eschaton* and 历史、末世与目的论之间的关系，28；Shakespeare's *King Lear* and 莎士比亚的《李尔王》与目的论，120

Tempest, The (Shakespeare) 莎士比亚《暴风雨》，125

Tess of the d'Urbervilles (Hardy) 哈代《德伯家的苔丝》，13

theodicy 神正论, 8–9, 34, 35–36, 105, 108–9

Theses on the Philosophy of History (Benjamin) 本雅明《历史哲学论纲》, 28

Thomas, Edward 爱德华·托马斯, 67

Three Sisters (Chekhov) 契诃夫《三姐妹》, 44

Tiger, Lionel 莱昂内尔·泰格, 10–11

Timaeus (Plato) 柏拉图《蒂迈欧篇》, 43

time 时间: Bloch on the present moment as elusive 布洛赫论当下的易逝, 67–68; consummation of 时间的完成, 30; cosmic 宇宙时间, 75; end of 时间的终结, 89, 109; historical 历史的时间, 28, 31, 146n26; hope as force in constitution of the future 希望作为建构未来的力量, 84–85; hope's 希望的时间, 65; linear 线性时间, 106–7; Messianic 弥赛亚时间, 28, 31, 33–34; secular 世俗的时间, 30; serialisation of 时间的序列化, 9–10, 31. *See also* history 也参见: 历史

Tomasi di Lampedusa, Giuseppe 朱塞佩·托马西·迪·兰佩杜萨, 86

Toole, John Kennedy 约翰·肯尼迪·图尔, 6

torture 酷刑, 20, 25, 134

tradition 传统, 28

tragedy 悲剧: authentic hope as exemplary case for 作为悲剧典型的真正的希望, 115; Bloch on 布洛赫论悲剧, 107; contingency and indeterminacy in 悲剧中的偶然性和非决定性, 120; in English novel 英语小说中的悲剧, 12; genuine 真正的悲剧, 124; linear history as tragic 悲剧的线性历史, 107; Marxism's tragic nature 马克思主义的悲剧性, 36–38, 107–8; pessimism contrasted with 悲观主义相比于悲剧, 71; relationship with one's fate in 和悲剧中自己命运的关系, 129; Steiner on faith in humanity and ruin of 斯坦纳论对人性和悲剧破灭的信念, 36–37, 39–40; Stoicism as antithesis of 斯多葛主义作为悲剧的对立

面，86 - 87；tragic hope 悲剧性的希望，33，130，136

Tragic Sense of Life, *The*（Unamuno）乌纳穆诺《生命的悲剧意义》，42

Trotsky, Leon 列夫·托洛茨基，26 - 27

trust 信任：in capitalist financial system 对资本主义经济体制的信任，19；faith as question of 信仰作为信任问题，41，80，126；hope and 希望与信任，41，43，51，59，66，68，72，82；in liberalism 对自由主义的信任，6；mistrust in Benjamin's pessimism 对本雅明的悲观主义的不信任，6；of optimists in the present 对当下的乐观主义者的信任，4；science and 科学与信任，81

Truth and Hope（Geach）吉奇《真理与希望》，41

Turner, Denys 丹尼斯·特纳，41，61

Twelfth Night（Shakespeare）莎士比亚《第十二夜》，127

Übermensch 超人，31

Unamuno, Miguel de 米盖尔·德·乌纳穆诺，42

United States, optimism as ideology in 美国，乐观主义作为其意识形态，10 - 11

utopia 乌托邦：achieving through hopelessness 通由无望而达至乌托邦，40；animates hope 乌托邦鼓舞希望，63；Bloch on source of 布洛赫论乌托邦的来源，99，100；death as anti-utopia 死亡作为反乌托邦，109；New World seen as 被视为乌托邦的新世界，46 - 47；not all hope is foretaste of 并非所有希望都是乌托邦的预期，103 - 4；reform contrasted with 变革与乌托邦相比，104；seeing its seeds in Soviet Union 在苏联中看到乌托邦的种子，91 - 92；there will be no 不会有乌托邦，133；utopian hopes 乌托邦式的希望，69

Vila-Matas, Enrique 恩里克·维拉-马塔斯, 123

Villette (Brontë) 勃朗特《维叶特》, 12

Virgil 维吉尔, 86

Virtues, The (Geach) 吉奇《美德》, 41

voluntarism 唯意志论, 61, 85

war 战争: capitalist imperialist 资本主义帝国主义战争, 16; deaths from 战争造成的死亡, 134; economic depression triggering 经济萧条触发战争, 21; nuclear 核战争, 17 - 18, 20, 21, 22; number killed in twentieth century 死于二十世纪战争中的人数, 22, 134

Waste Land, The (Eliot) 艾略特《荒原》, 7, 39

Waterworth, Jayne 杰恩·沃特沃斯, 56, 59, 62

Williams, Raymond 雷蒙德·威廉斯, 15, 41, 68, 133

Winter's Tale, The (Shakespeare) 莎士比亚《冬天的故事》, 88, 125 - 28

Wittgenstein, Ludwig 路德维希·维特根斯坦, 53 - 54, 55, 104

Women in Love (Lawrence) 劳伦斯《恋爱中的女人》, 67

worldviews, optimist and pessimist 世界观, 乐观主义者和悲观主义者, 6 - 7

Wuthering Heights (Brontë) 勃朗特《呼啸山庄》, 12

Year of the Death of Ricardo Reis, The (Saramago) 萨拉马戈《里卡多·里斯死去那一年》, 71

Yeats, William Butler 威廉·巴特勒·叶芝, 87 - 88, 107, 122

Žižek, Slavoj 斯拉沃热·齐泽克, 130

作者简介

特里·伊格尔顿,英国著名文学理论家、文化批评家。曾长期任教于牛津大学,现为英国兰卡斯特大学英国文学杰出教授。自1960年代至今,已出版著作数十种,涉及文学理论、后现代主义、政治、意识形态和宗教等领域。代表作有《二十世纪西方文学理论》《审美意识形态》《文学事件》《英国现代长篇小说导论》《马克思为什么是对的》等。

译者简介

钟远征,1986年生,复旦大学外国哲学博士,现为郑州大学哲学学院讲师、硕士生导师,郑州大学马克思主义哲学研究中心秘书,主要研究领域为现代英美哲学。译有《战时家族:维特根斯坦》《科学的七大支柱》等。

HOPE WITHOUT OPTIMISM
Copyright © 2015 by Terry Eagleton
Originally published by Yale University Press
Simplified Chinese translation edition copyright © 2023 by Neo-cogito Culture Exchange Beijing ltd
Published by arrangement through Bardon-Chinese Media Agency
All rights reserved
著作权合同登记图字：09-2023-0085